# Das Alte und
# das Neue Rathaus zu Magdeburg
# im Wandel der Zeit

Stadtarchiv Magdeburg und Amt für Öffentlichkeitsarbeit und
Sitzungsmanagement der Landeshauptstadt Magdeburg

Stadtarchiv Magdeburg
Bei der Hauptwache 4, Neues Rathaus
39104 Magdeburg
Telefon: (0391) 5 40 25 15
Telefax: (0391) 5 40 21 41
E-Mail: archiv@magdeburg.de

Amt für Öffentlichkeitsarbeit und Sitzungsmanagement
Alter Markt 6, Altes Rathaus
39104 Magdeburg
Telefon: (0391) 5 40 22 35
Telefax: (0391) 5 40 21 27
E-Mail: presse@magdeburg.de

**ISBN-10: 3-9808534-2-X**
**ISBN-13: 978-3-9808534-2-2**

Herausgeber:
Landeshauptstadt Magdeburg – Stadtarchiv und Amt
für Öffentlichkeitsarbeit und Sitzungsmanagement, 2006
Redaktion: Dr. Maren Ballerstedt, Dr. Cornelia Poenicke
Bildredaktion: Konstanze Buchholz, Petra Neppe

Grafische Gestaltung: Gudrun Seffers, Magdeburg, AGD
Druck: Grafisches Centrum Cuno GmbH & Co. KG
Gewerbering West 27, 39240 Calbe

AN

Andreas
Witt

# Inhalt

Zum Geleit                                                                          5

*Heike Kriewald*
Das „Alte" und das „Neue" Rathaus.
Von einer Namensgebung mit Hindernissen                                              6

*Maren Ballerstedt*
Die wechselvolle Geschichte des Alten Rathauses                                     10

*Ilona Brodhun*
Kunst im Alten Rathaus                                                               72

*Maren Ballerstedt*
Von der „scharfen Ecke" zum Neuen Rathaus                                           87

*Chris Wasser*
Neuer Glanz für Magdeburgs Rathäuser .
Die Sanierung des Alten und des Neuen Rathauses in der
Zeit von 1990 bis 2005                                                             103

*Cornelia Poenicke*
Das Magdeburger Rathaus und die Presse –
Magdeburg gründet 1906 das erste Presseamt in Deutschland                          111

Quellen- und Literaturverzeichnis                                                 121
Abbildungsnachweis                                                                125
Autorenverzeichnis                                                                125

*Anhang*
Kleine Zeittafel zur Geschichte des Alten und des Neuen Rathauses                  125
Magdeburger Oberbürgermeister seit 1817                                           128
Gegenwärtige Ehrenbürger der Stadt Magdeburg                                      128

## Zum Geleit

Liebe Magdeburgerinnen und Magdeburger,

ganz selbstverständlich steht das Rathaus seit mehreren Jahrhunderten am Alten Markt, ist Sitz des Rates der Stadt, der Stadtverordnetenversammlung, des Stadtrates, der Bürgermeister und Oberbürgermeister – je nach Epoche. Die Geschichte des Rathauses ist aufs Engste mit den Geschicken unserer Stadt und mit den Menschen verbunden, die hier gewirkt haben. Berühmte Namen wie Otto von Guericke, August Wilhelm Francke, Carl Gustav Friedrich Hasselbach, Hermann Beims oder Ernst Reuter fallen mir ein.
Das Rathaus ist aber auch immer das erste Haus der Bürger der Stadt gewesen. Daraus ergibt sich ein spannungsreiches Geflecht an Ereignissen und Geschichten.

Vom Bischofsmord im Ratskeller, über die Bibliothek auf dem Dachboden, vom Archiv unter den Arkaden und sogar der ersten Sparkassenfiliale bis zu den unzähligen Um- und Ausbauten und einer zweimaligen, fast vollständigen Zerstörung hält das Rathaus in seinen Mauern Geschichten versteckt. Mit dem 1906 erbauten „Neuen Rathaus" verknüpfen sich auch neue Ideen von Stadtverwaltung.

Nur einen kleinen Teil davon kann das vorliegende Buch einfangen. Dennoch werden Spannendes, Unbekanntes und auch die guten alten Geschichten erzählt. Viele bisher unveröffentlichte und ungewöhnliche Ansichten illustrieren die Fakten.

Längst war es überfällig, das Buch zum Rathaus. 2006 gibt es zwei Jubiläen zu feiern: 100 Jahre „Neues Rathaus" und 100 Jahre erste deutsche kommunale Pressestelle. Mit der Sanierung beider Häuser, einem wachsenden Interesse der Magdeburger und ihrer Gäste, den neuen „EinBlicken" ins Rathaus durch das Jugendforum und den zum Teil schon gelungenen Bemühungen um ein „gläsernes Rathaus" dürfte dem Erfolg dieser Publikation wohl nichts im Wege stehen. Schauen Sie hinein ins Buch und ins Rathaus, das den Bürgern und Gästen der Stadt offen steht.

*Dr. Lutz Trümper*
*Oberbürgermeister*

# Das „Alte" und das „Neue" Rathaus.
# Von einer Namensfindung mit Hindernissen

Heike Kriewald

Auf einer Magdeburger Postkarte mit Poststempel aus dem Jahre 1909 stehen „Machteburjer" bunt gemischt am Otto-von-Guericke-Denkmal. Am Denkmalfuß liegt ein frischer Kranz. Er wurde wohl zur Ehrung für den großen Erfinder, Forscher, Diplomaten und Bürgermeister aus Anlass seines Todestages im Mai dort abgelegt. Dennoch: Weniger der Bürgermeister und sein gerade erst errichtetes Denkmal sind die interessanten Details dieser historischer Ansicht.

Wir schauen indes auf den Schriftzug der Ansichtskarte „Neues Rathaus in Magdeburg". Erst 1907 bezogen, hat das neue Geschäftsgebäude der Stadtsparkasse, in dem auch Ämter der Stadt Platz gefunden haben, den Namen Neues Rathaus erhalten. Diese Postkarte ist die vermutlich älteste Ansicht, die so eindeutig auf den Sitz von städtischen Einrichtungen in diesem Haus mit der Adresse Bei der Hauptwache verweist und somit die beweiskräftige „Rückendeckung" für eine längst überfällige Namensgebung im Frühjahr 2004 bildet.

Seit 1906 präsentieren sich ein altes und ein neues Rathaus, kombiniert mit einem dritten, sehr repräsentativen Verwaltungsgebäude an der Spiegelbrücke als eine kommunalpolitische Einheit an der Nordostecke des Alten Marktes. In einigen städtischen Reiseführern lassen sich die Bezeichnungen alt und neu auch wiederfinden. Allerdings verweisen moderne Reiseführer des Fremdenverkehrsvereins aus den Jahren 1906, 1911 und 1925 zwar auf das historische Rathaus in der Bezeichnung „Alter Markt mit Rathaus", unterschlagen jedoch den damaligen Gründerzeitneubau in der hinteren Ecke am nördlichen Marktausgang.[1] In einem „Offiziellen Führer durch Magdeburg und Umgebung" werden mit dem lapidaren Eintrag *Neue städtische Geschäftshäuser an der Spiegelbrücke und am Platz bei der alten Hauptwache, davor das Denkmal von Otto von Guericke..."* [2] die beiden sehr prächtigen Häuser, insbe-

sondere das neobarocke Ratsgebäude des Jahres 1906, abgehakt. Es scheint weniger repräsentativ und touristisch interessant als der Spätrenaissancebau, der sich dem Besucher auf dem Alten Markt sofort als das Rathaus präsentiert. Nicht nur auf Postkarten und Akten vom Beginn des 20. Jahrhunderts finden sich verschiedene Benennungen. Behördenberichte, Bauunterlagen und Publikationen aus dem städtischen Verwaltungsleben nennen mal das „neue Geschäftshaus", das „neue Rathaus", das „neue Sparkassengebäude", das „alte Rathaus" oder das „Altstädter" bzw. „Altstädtische" Rathaus. Bereits damals dürften sich die Bezeichnungen und Identitäten der beiden bedeutenden städtischen Hoheitsgebäude verwischt haben.

Mit der Zerstörung des historischen Rathauses sowie des Gebäudes an der Spiegelbrücke und mit den Bombentreffern im seit 1906 bestehenden Rathaus im 2. Weltkrieg variieren die Namen. Denn: Das alte Rathaus hieß auch weiter so, die Bezeichnung ist zum Beispiel auf Aktentiteln der 1960er Jahre zu lesen und auch hin und wieder in Zeitungen zu finden. Einen allgemeinen Gebrauch findet der Name jedoch nicht.

Bald sitzen wieder viele „Ämter" im Ratsgebäude Bei der Hauptwache. Obgleich einige von ihnen 1970 umziehen, da die Südseite des historischen Rathauses zwischenzeitlich einen Neubau erhalten hat, bleibt das Haus hinter dem Otto-von-Guericke-Denkmal ein zentrales Verwaltungsgebäude. Nun besteht das Rathaus am Alten Markt aus zwei Häusern, die auch entsprechend als Haus I (Nordeingang beim Oberbürgermeister) und Haus II (Südeingang für Mitarbeiter und Besucher) bezeichnet werden.

Mit der politischen Umorientierung in der DDR-Zeit bilden sich nach Berliner Vorbild Stadtbezirke mit Stadtbezirksrathäusern. Die Verwaltung muss noch immer zahlreiche „Ämter" in anderen Gebäuden verteilen. Bereits 1961 entstehen die Baupläne für einen modernen Funktionsbau, ein drittes Verwaltungsgebäude an der westlichen Flanke der neu geplanten Jakobstraße. Die Bauakten mit dem Titel „Absteckplan Bei der Hauptwache, Haus 3" und „Rathaus

MAGDEBURG. GUERICKE DENKMAL UND NEUES RATHAUS.

*Teilansicht des Neuen Rathauses mit Guericke-denkmal (StAM)*

Verwaltungsgebäude III" stellen bereits in der Planungsphase und der Zeit des Wiederaufbaus des historischen Rathauses die Weichen für eine Namenlosigkeit mit römischer Nummerierung. Bis zum Ende der 1960er Jahre wird der Bau dieses Verwaltungsgebäudes in Fertigbauweise ausgeführt. Ein geplanter Dachaufbau aus dem Jahre 1988, der die Gebäudehöhen der Umgebung und die historischen Gaupen der wieder erstandenen Häuser am Markt aufnehmen soll und einen Baukostenrahmen von 850.000 DDR-Mark aufweist, wird nicht mehr ausgeführt. Es bleibt bei einem Flachdach.[3] Zwei Eingänge am historischen Rathaus, der Neubau und das Gebäude mit den Gründerzeitelementen führen zu den Bezeichnungen Haus I, II, III und IV. Die Bezeichnungen setzen sich in der Alltagssprache durch, wobei die Bezeichnung Altes Rathaus nie ganz verloren geht. Die Adressenangaben Alter Markt 8 und Bei der Hauptwache 4-6 verwirren eher, als sie ordnen, so dass die Pförtner in den Rathäusern den Einwohnern, Besuchern und Touristen den Weg weisen mussten.

Manche sagen zu dem 1906 erbauten Haus in alter Gewohnheit über Jahrzehnte Haus IV. Andere sprechen vom „Haus bei der alten Hauptwache", beschreiben es als „das große Gebäude am Guerickedenkmal" oder als das „Haus, in dem das Stadtarchiv sitzt". All das trägt nicht dazu bei, dieses architektonisch sehr schöne Gebäude würdig in das Ensemble des Alten Marktes einzubeziehen.
Die von 1998 bis 2002 durchgeführte Komplettsanierung der neobarocken Fassade lässt das Haus wieder in alter Schönheit erstrahlen. 2003 bezieht der Oberbürgermeister die erste Etage „Bei der Hauptwache 4" und mit ihm das Büro für Öffentlichkeitsarbeit und Protokoll. Botschafter, Medien, Bürger für die Sprechstunden des Oberbürgermeisters und Gäste werden in das Haus IV geladen. Nicht sehr originell und schon gar nicht repräsentativ klingt diese Bezeichnung, befinden die Öffentlichkeitsarbeiter.

Während die Gerüste für die Sanierung das historisch ältere Ratsgebäude auf dem Alten Markt umhüllen, wird im Frühjahr 2004 in den von der Verwaltung längst leergezogenen Räumen des Hauses III die „organisierte Kriminalität" vorge-

führt: durch ein Filmteam um den Regisseur Andreas Dresen, der hier Teile seines Filmes „Willenbrock" dreht. Nach Abzug der Kameras besetzt die Abrissbirne den Platz. Nicht nur das sogenannte Haus III fällt, sondern auch die längst veraltete und bürgerunfreundliche Bezeichnung für die beiden anderen Ratsgebäude.

Die Idee, nach Leipziger Vorbild und den Intentionen der Magdeburger Vorfahren folgend, das Bündnis der beiden Häuser auch namentlich zu dokumentieren, führt zum Vorschlag der Pressestelle, die Namen „Altes Rathaus" und „Neues Rathaus" wieder einzuführen. Das scheint nicht nur logisch, es soll auch das Chaos längst überholter Hausbezeichnungen beenden, denn der größte Teil der Verwaltung sitzt längst in den Altmarkt-Arkaden an der Julius-Bremer-Straße. Da dies aber ein privates Gebäude ist und außer Teilen der Stadtverwaltung noch andere Mieter beherbergt, kann es nicht die Bezeichnung Rathaus führen. Somit sind Irritationen zum Neuen Rathaus eigentlich ausgeschlossen.

Wo ein Neues, da auch ein Altes. Glück für Magdeburg, dass es sich zweier Rathäuser erfreuen kann, die sich durch eine Differenz von mehr als 200 Jahren baulicher Entstehung und zwei verschiedene Bauepochen – bei allen Umbauten, Sanierungen und modernen Innenausstattungen – eindeutig als alt und neu unterscheiden lassen.
Diskussionen gibt es zu Beginn dennoch. *„Wie soll sich das durchsetzen? Wenn das Rathaus am Markt saniert ist, dann ist es doch neu und nicht alt. Das versteht kein Mensch! Wer kann denn schon Renaissance und Barock unterscheiden? Das ist doch alles alt!..."*
Neue Ideen haben es eben nicht immer leicht, auch wenn sie eigentlich historische Tatsachen sind.
Dem Oberbürgermeister gefällt der Vorschlag sofort. Er befördert ihn in den Verwaltungsausschuss und der befördert auch und zwar die Umsetzung der Idee. Die Stadtarchivare bestätigen die nachgewiesene historische Anknüpfung.

Neben einer Information der Verwaltung und einem Schreiben an städtische Gesellschaften und Unternehmen gilt es nun vor allem die Werbetrommel für die neuen Namen zu rühren.

Das fällt nicht schwer, vielfältig sind die Einladungen und Medientermine. Der Abschluss der Sanierung im Alten Rathaus kann nur noch Krönung der Bemühungen um gültige Namen sein. Dr. Lutz Trümper enthüllt am 17. März 2005 als Oberbürgermeister selbst die Wegweiser zum Neuen und zum Alten Rathaus. Die Kraft des Faktischen hat inzwischen alle Zweifel widerlegt.

Seit 1945 ist das **Neue Rathaus** ununterbrochen wieder Sitz der Verwaltung. Mit dem Wiederaufbau des alten Rathauses und dem Erhalt seiner Renaissancefassade verblasst in den vergangenen 50 Jahren das Gebäude im Neobarock. Jetzt trägt es einen seiner Geschichte und seinem Ansehen angemessenen Namen. Der zeitweilige Amtssitz des Oberbürgermeisters und der Fraktionen des Stadtrates erlebt von 2003 bis 2005 einen größeren Besucherzustrom und ehrwürdige Ereignisse in einem eigens dafür eingerichteten Ehrenzimmer. Mit dem Stadtordnungsdienst, dem Stadtarchiv und der Verwaltungsbibliothek finden auch heute viele Magdeburger hier einen Anlaufpunkt.

Das von 1691 bis 1698 an der Ostseite des Alten Marktes erbaute Ratsgebäude mit der Renaissancefassade und dem historischen Ratskeller trägt den Namen **Altes Rathaus**. Die sehr gelungene Sanierung, die 2005 im 12hundertsten Jubiläumsjahr der Stadt ihren Abschluss findet, hat die Namensgebung eher noch bestätigt, denn alte Gewölbe prägen den Eingangs- und Besucherbereich. Übrigens gibt es auch nur noch einen öffentlichen Eingang.

Sowohl für die Magdeburger als auch für die Gäste der Stadt sind das Neue und das Alte Rathaus jetzt eindeutig benannt und unverwechselbar. Gäste der Stadt erfahren in den Stadtführungen etwas aus der spannenden Geschichte beider Häuser.

*Wegweiser auf dem Platz Bei der Hauptwache (JKI)*

Anmerkungen

1  Vgl. Magdeburg – Ein Erinnerungsblatt, 1906.
2  Offizieller Führer durch Magdeburg und Umgebung , S. 36f.
3  StAM, Bauakten Verwaltungsgebäude Bei der Hauptwache 1.

# Die wechselvolle Geschichte des Alten Rathauses

Maren Ballerstedt

## Das mittelalterliche Rathaus bis zum Dreißigjährigen Krieg

Die Stadt Magdeburg hat vor ihrer Zerstörung 1631 „mit einem sehr herrlich und kostbar erbaueten Rath-Hause gepranget", so steht es in einer Chronik aus dem Jahre 1702 geschrieben.[1] Das älteste Magdeburger Rathaus existierte bereits im 13. Jahrhundert und gehörte zu den frühesten seiner Art in Nord- und Mitteldeutschland. Es diente dem Rat, der sich damals als Organ städtischer Selbstverwaltung herauszubilden begann und 1244 erstmals urkundlich nachweisbar ist, als Sitz und Repräsentation. Es war Ausdruck seiner Selbstbehauptung gegenüber dem Stadtherrn. Dieser wiederum ließ den um 1240 geschaffenen Magdeburger Reiter - allgemein als Kaiser Otto der Große gedeutet - gerade in jener Zeit der Konstituierung des Rates als Zeichen erzbischöflicher Stadtherrschaft auf dem Alten Markt aufstellen. Den Bürgern sollte er unmissverständlich zeigen, dass der Erzbischof als Stadtherr seine Machtbefugnisse von Otto dem Großen erhalten hatte.[2] Die Bürgerschaft allerdings berief sich später, als sie ihren Anspruch auf Reichsfreiheit geltend machte, ebenfalls auf Kaiser Otto und hat dies vehement zu beweisen versucht.

Das Magdeburger Rathaus ist durch den Ausbau der einstigen Kauf- und Lagerhalle der Kürschner, die im 12. Jahrhundert ihr Innungsprivileg erhalten hatten, entstanden.[3] Es erhob sich über dem heutigen Ratskeller, der als Bestandteil des mittelalterlichen Rathauses die Zeiten überdauert hat. Der durch 10 achteckige Pfeiler in zwei Schiffe geteilte Keller ist mehr als 40 Meter lang und über 10 Meter breit. Anfangs wird er wohl noch der Innung gedient haben, ebenso die einfachen Gewölbe nördlich des großen Kellers. Über diesem lag ein großer hallenartiger Raum, den der Rat für seine Zusammenkünfte nutzte. Die Schauseite dieses ältesten Rathauses zeigte vermutlich nach Norden.[4]

Als am 29. Juni 1293 ein großer Stadtbrand wütete, fielen ihm u. a. die Johanniskirche und das Rathaus zum Opfer. Die Schöppenchronik schreibt: „Dar na Petri und Pauli was de grote brant, do sunte Johans kerke un de love vorbranden."[5] Die „love" (Laube) bezeichnet gewöhnlich das Rathaus – sowohl die offene Halle im Erdgeschoss als das Gebäude selbst. Das Rathaus erstand bald nach dem Brand neu, und schon am 25. November 1293 fanden sich die Ratsherren dort wieder zur Beratung zusammen.

1293 war ein Jahr, in dem in Magdeburg große Zwietracht herrschte. Es ging darum, den Einfluss des Erzbischofs auf die Stadtpolitik zurückzudrängen. Die vom Erzbischof eingesetzten Schöffen wurden mehr und mehr aus dem Rat gedrängt, den sie bis dahin zur Hälfte besetzt hatten. Die Schöffen nutzten bis 1293 zudem Räume im Rathaus und bewahrten bis dahin ihre Bücher in einer Kammer in dessen Anbau auf.[6] Nach dem Wiederaufbau des Rathauses infolge des Brandes von 1293 waren die Schöffen nun auch räumlich vom Rat getrennt. Ihre bisher im Rathaus genutzten Räume nahmen die mit Ratsfunktionen versehenen Meister der Innungen ein.[7] Die 1294 eingerichtete „Meisterkammer" befand sich laut Schöppenchronik im Nordflügel „nach dem Kleiderhofe", dem heutigen Platz Bei der Hauptwache, zu. Die Schöffen erhielten ein eigenes Haus, die sogenannte Schöffenkammer in der Johannisbergstraße 1, wo sie bis 1425 blieben. Der Rat indes verfügte mit dem Erwerb des Schultheißenamtes seit 1294 über die volle Gerichtsbarkeit. Der Erzbischof hatte seinen unmittelbaren Einfluss auf die Verwaltung der Stadt verloren. Was lag für den stadtbürgerlichen Rat näher, als seine neue Machtfülle auch äußerlich mit einem repräsentativen Bau zu zeigen?

Das Erdgeschoss des nach dem Wiederaufbau des Rathauses reich ausgestatteten Westflügels wurde mit Laubenwölbungen versehen. Darüber befand sich ein großer Fest- und Versammlungssaal, der den größten Teil der Länge des Flügels einnahm. Die Schauseite des Rathauses zeigte jetzt nach Westen. Sie wurde mit drei vermutlich achteckigen Türmen mit „nadelspitzen Dächern" versehen, zwei an den Ecken und einen in der Mitte, etwas nach Süden versetzt.

Somit befanden sich im nördlichen Abschnitt der Arkaden fünf, im südlichen vier Arkaden - wie auch auf dem Rentz-Plan von 1552 zu sehen. Hinter den Arkaden im Erdgeschoss schlossen sich Buden an.[8]

Mit dem Bau des Rathaus-Westflügels wurde der Johannisförder überwölbt und so der Wagenverkehr vom Markt zum Elbufer unter dem Rathaus durchgeleitet. Der Johannisförder, der unter dem ersten Bogen des Rathauses hindurch führte, war die schluchtähnliche Abfahrt vom Markt in Richtung Elbe über den Johannisberg hinab. Die Wagen fuhren in einem kleinen Tunnel unter dem Rathaus hindurch, bogen dann meist in die relativ flache Johannisfahrtstraße ein und setzten ihre Fahrt bis zum alten Brücktor, wo die alte Strombrücke lag, fort. Mit dem Umbau des Johannisberges zu einer Fahrstraße wurde der Förder auf Betreiben des Festungsgouverneurs Fürst Leopold von Anhalt-Dessau, des „Alten Dessauers", 1725 geschlossen und dafür ein Kanal zur Ableitung des Regen- und Abwassers aus dem Stadtinneren bis zur Elbe angelegt. Das war eine für damalige Verhältnisse wichtige Maßnahme zur Verbesserung der hygienischen Verhältnisse. Später musste der Kanal dennoch wegen Seuchengefahr verschüttet werden, zumal hässliche Gerüche und Rudel von Ratten aus ihm emporkamen.[9]

Südlich des nach dem Brand von 1293 umgebauten Nordflügels schloss sich in dessen unmittelbarer Nähe der Anfang des 14. Jahrhunderts errichtete Neubau des Kürschner-Innungshauses mit dem Kaufhaus („Kürschnerschrank") an. Das waren zwei nahezu parallel nebeneinandergestellte Ost-West-Gebäude mit einem Durchgang. Der Durchgang, Becherhof genannt, führte nördlich des Förders vom Alten Markt durch den Rathaus-Westflügel zwischen den beiden Innungsgebäuden entlang direkt zum Johanniskirchhof. Das nördliche Gebäude der Kürschner war das Kaufhaus, das direkt an die Hinterwand des Rathaus-Westflügels anstieß. Auch das Innungshaus lehnte sich an das Rathaus an. Von dessen Obergeschoss gab es einen direkten Zugang in das Rathaus. Spätere Abbildungen zeigen an dieser Stelle keinen schmalen langen Flügel mehr, sondern zwei gegeneinander etwas versetzte Giebelhäuser.[10] Diese sind auch auf dem Rekonstruktionsversuch von Werner Priegnitz zu sehen.

Das Rathaus stellte den Mittelpunkt des Verfassungslebens der Stadt dar. Vor dem Gebäude, „unter der love", fand zum Beispiel das Burding (Bürgerversammlung) statt. Wenn zum Burding geläutet wurde, kam die Bürgerschaft zusammen, um Erlasse und Bekanntmachungen entgegenzunehmen oder über die äußeren Geschicke der Stadt abzustimmen. Zu Zeiten, als dem Stadtherrn zu huldigen war, fanden diese Huldigungen ebenfalls vor dem Rathaus statt. Das Rathaus war Versammlungs- und Beratungsraum des Rates, der über die Politik der Stadt bestimmte und Willküren zur Gewährleistung von Ordnung und Sicherheit setzte. Hier entstanden u. a. zahlreiche Vorschriften, die das Zusammenleben der Stadtbevölkerung regelten, wie Tanz-, Hochzeits-, Tauf-, Begräbnis- und Kleiderordnungen. Hier wurden Maßnahmen zur Einhaltung der Gesetze beschlossen. Im Rathaus befanden sich ferner die Schreibstube nebst Aufbewahrungsort für die Stadtbücher, das Stadtarchiv, die Kämmerei und die Gefängnisse. Letztere führten Namen wie „Jungferngewölbe", „Bonensack" und „Schwefelkammer".[11] Der südliche Abschnitt des Gebäudes bis zur Unterführung des Johannisförders diente als Gerichtslaube. Dort tagte des Gericht des Schultheißen. Dieser zwischen dem asymmetrisch angebauten Treppen- und dem südlichen Eckturm gelegene Teil des Rathauses trat optisch zu dem damals viel schmaleren westlichen Zugang vom Breiten Weg zum Alten Markt in Beziehung. Dorthin und auf die Türme der dahinter liegenden Rats- und Hauptpfarrkirche St. Johannis musste sich unweigerlich zuerst der Blick des von Westen auf den Markt Kommenden wenden.[12]

Das Rathaus war auch ein Ort für Festlichkeiten des Rates, wie sie zum Beispiel anlässlich von Huldigungen gefeiert wurden, oder zu Pfingsten, wenn die Domherren auf Einladung der Stadt das Rathaus besuchten. Die Domherren überreichten dem Rat dabei jedes Mal eine aus Mehl gebackene Burg. Sie wurde unter dem Spiel der Stadt-Musikanten in einem Festzug den Breiten Weg entlang zum Rathaus gebracht, das wie die Straße mit grünen Maien geschmückt war. Das „Burg holen" war von 1441 bis 1546 gebräuchlich.[13] In unmittelbarer Nähe des Rathauses fanden noch weitere Feste statt, zum Beispiel ritterliche Gralsspiele der Wohlhabenden.

Das mittelalterlich Rathaus wies eine Reihe von Sprüchen auf, mit denen der Rat „überhangen von einem Mäntelchen hochwohlweiser und moralischer Rezepte" seine Stellung, sein Selbstverständnis gegenüber der Stadtbevölkerung dokumentierte. Die Sprüche befanden sich wahrscheinlich an den Wänden im großen Saal des Westflügels oder in der Laube. Sie wurden um 1500 von Johann Neumann aus Zittau abgeschrieben und dadurch überliefert. Sie zeichnen sich durch straffe Gliederung und künstlerischen Versbau aus. Hier seien nur folgende Zeilen zitiert:[14]

Der stadt gut sallet ir bewaren,
Ir sallet geben und auch sparen.
Gebet dem, der es verdinen kan,
Sparet es deme, der euch vorgan.

Die bosen sal man strafen,
Die guten in eren lassen,
Dorch libe, dorch leit noch durch gabe
Nicht tretet dem rechte abe."

Im ersten Viertel des 14. Jahrhunderts wurde das Rathaus Ort eines tragischen Geschehens, das in den folgenden Jahren einen dunklen Schatten über die Stadt und ihre Bürger werfen sollte. Magdeburg und andere Städte waren in langwierige Auseinandersetzungen mit Erzbischof Burchard III. verwickelt, der in seiner Amtszeit (1307-1325) einen intensiven Ausbau der Landesherrschaft betrieb und sich nicht bemüßigt fühlte, sich an Vereinbarungen zu halten. 1325 eskalierte der Streit. Am 29. August nahmen Magdeburger Bürger den Erzbischof gefangen und inhaftierten ihn in seinem Palast. Am Tag vor dem Mauritiusfest führten sie ihn in den „neuen Keller" des Rathauses. Das war ein 6,50 x 12,10 Meter großes Tonnengewölbe, das heute als Bischofssaal bekannt ist und vom Gaststättenbetrieb des Ratskellers mit genutzt wird. In der Nacht des 21. September 1325 setzte dort ein Schlag mit einem eisernen Riegel dem Leben des Erzbischofs ein Ende. Die ungeheuerliche Tat hatten die

Magdeburger vermutlich im Bund mit den Ratsherren aus Halle und Calbe vorbereitet. Lange blieb der Leichnam versteckt, um den Mord zu vertuschen. Erst nach knapp einem Jahr wurde die Leiche Burchards III. im Sand des Ratskellers gefunden.[15] Johannes Pomarius schreibt: „Sein todt ist ein gantz Jar heimlich gehalten/ do es aber außgebrochen/ hat man seinen Cörper im Gefängniß den 1. December wider auffgegraben und heraus gegeben". Für die Stadt hatte das dramatische Folgen: Der Papst verhängte den Kirchenbann, König Ludwig erklärte sie in Acht und Bann. Für Jahre blieben somit das religiöse und wirtschaftliche Leben in der Stadt sowie ihre politische Handlungsfähigkeit stark beeinträchtigt. Die Magdeburger waren von allen kirchlichen Segnungen ausgeschlossen. Der Handel litt schwer. 1330 entluden sich die dadurch verschärften Spannungen in der Bürgerschaft und führten zu einer Änderung der Ratsverfassung. In deren Folge hatten mehr Innungen als zuvor an der politischen Macht in der Stadt teil.

Nach der 1330 eingeführten Verfassung, die dreihundert Jahre Bestand hatte, waren jährlich 12 Ratsherren zu wählen, davon 10 aus den Innungen – jeweils 5 aus den wohlhabenden kaufmännischen Großen Innungen und 5 aus den

*Bischofssaal heute (GSe)*

*Rekonstruktionsversuch des spätmittelalterlichen Rathauses von Werner Priegnitz (StAM)*

Handwerkerinnungen bzw. Kleinen Innungen – und 2 aus der nicht innungsgebundenen gemeinen Bürgerschaft. Zwei der Ratmannen waren die Bürgermeister, von denen jeweils einer für ein halbes Jahr die Geschäfte führte. Im Jahr ihrer Wahl gehörten die Ratsherren dem regierenden Rat, im nächsten Jahr dem Alten Rat und im folgenden Jahr dem Oberalten Rat an. Eine Wiederwahl in den regierenden Rat war demzufolge nur im Dreijahresturnus möglich.

Wie die Einführung des jährlich neuen Rates im Rathaus vonstatten gegangen ist, macht die Beschreibung eines Wahlverfahrens von 1512 deutlich, das in dieser Weise schon lange Zeit vorher so angewandt worden sein dürfte. Die neu gewählten Ratsherren hatten sich im Sitzungszimmer einzufinden und auf der „langen Bank auf dem Gaterofen" Platz zu nehmen, um Rechenschaft des alten Rates anzuhören. Dann mussten sie die Willkür, also die Stadtgesetze, anhören und ihren Schwur darauf leisten. Der alte Rat zog sich darauf zurück und wählte aus den neuen Ratmannen zwei Bürgermeister, zwei Kämmerer und zwei Weinmeister. Anschließend ließ sich der alte Rat „up der Berkamer" bewirten, „und de nyen Rathmann und de olden Mesters macken ock maltyth tho hope up der groten nyen Dorntzen."[16] Das war ein großer neuer beheizbarer Raum im Rathaus, wohl

der Ratssaal, während die „Berkamer" den Biersaal des Rathauses bezeichnen.dürfte.[17] Nach der Mahlzeit nahmen die neuen Ratmannen wieder auf der „langen Bank" im Sitzungszimmer Platz, um das Wahlergebnis zu erfahren usw.

Waren die Bürger und übrigen Stadtbewohner mit der Politik des Rates nicht zufrieden, so äußerte sich dies u. a. in offener Konfrontation mit dem Rat, wie diese zum Beispiel 1402 am Freitag nach Crucis, also am 15. September, beim großen Münzaufstand geschehen ist. Die Bevölkerung warf den Ratmannen im Rathaus vor, nichts gegen die Prägung minderwertiger Münzen seitens des Erzbischofs und der damit einhergehenden Verarmung der Massen getan zu haben. Die aufgebrachten Menschen zerstörten die erzbischöfliche Münze auf dem Markt und zogen zum Rathaus, wo sie die sich dort aufhaltenden Ratsleute fast erschlagen hätten. Der Rat wurde abgesetzt. Erst Anfang 1403 kam es zu einem Vergleich des Erzbischofs mit dem neuen Rat.[18]

Ein bedeutsamer Tag im Leben der Magdeburger war zweifellos der Besuch Kaiser Karls IV. am 16. Juni 1377. Er reiste von Tangermünde her nach Magdeburg. Der prächtige Zug führte vom Krökentor den Breiten Weg entlang zum

*Konsolmaske aus dem mittelalterlichen Rathaus (StAM)*

*Konsolmasken aus dem mittelalterlichen Rathaus (StAM)*

Ausschnitt aus dem Plan von Hans Rentz „Stadtansicht von Magdeburg", 1552 (SMB)

Dom. Am folgenden Tage fuhr der Kaiser auf den Alten Markt und „ließ vor dem Rathaus an der großen Treppe halten, wollte aber nicht aussteigen, indem er über Schmerzen in den Beinen vom Podagra klagte. Der Magistrat, die Schöffen und andere Angesehene der Stadt waren zu seinem Empfange auf dem Rathause versammelt. Der Magistrat hatte alles aufs beste zu seiner Aufnahme eingerichtet und würde es gerne gesehen haben, wenn er ausgestiegen wäre."[19] Doch der Kaiser verließ den Wagen nicht, weshalb man ihm Wein und Konfekt hinein reichte. Das Beinleiden war wohl nur vorgetäuscht. Kurz vor seinem Aufenthalt in Magdeburg hatte der Kaiser einen Vertrag zwischen den Bürgern und ihrem Stadtherrn ausgehandelt und deren Streitigkeiten geschlichtet. Ein Besuch im Rathaus, dem Zentrum bürgerlicher Macht, hätte einen großen Symbolwert gehabt und die Ratsherrschaft gegenüber dem Stadtherrn politisch aufgewertet. Mit seinem plötzlichen Beinleiden umging der Kaiser den Besuch im Rathaus ohne die Bürger offen zu brüskieren.[20]

Während des 14. und im 15. Jahrhunderts ließ der Rat die Räume des Nordflügels ausbauen und mit Tonnen- und Kreuzgratgewölben versehen, die zum Teil heute noch erhalten sind. Die backsteingotischen Wölbungen gehörten schon damals zu den Sehenswürdigkeiten des Rathauses, nicht zuletzt wegen der fratzenhaften Gestaltung der die Gewölbe tragenden Köpfe. Die grotesken Konsolmasken stammten aus dem Anfang des 14. Jahrhunderts.[21] Wohl seit dem Ende des 14. Jahrhunderts schmückten lebensgroße farbige Statuen römisch-deutscher Könige und Kaiser zwischen den Obergeschoss-Fenstern die Fassade des Rathauses.[22] Sie symbolisierten die Verbundenheit der Stadt mit dem Reich, ihr Streben nach Reichsunmittelbarkeit und dürften zu den „Herrlichkeiten" und „Kostbarkeiten" des mittelalterlichen Rathauses gehört haben.

Eine der ältesten Abbildungen des mittelalterlichen Rathauses befindet sich auf dem Holzschnitt von Hans Rentz aus dem Jahre 1552, der das Rathaus mit vielen Details zeigt. Zu sehen sind die zweigeschossige Fassade, flankiert durch zwei schmale Erker- oder Pfeilertürmchen an den Ecken, der mittige Treppenturm, die Rundbogen-

arkaden, im Obergeschoss Rechteckfenster, dazwischen Figuren, bei denen es sich um die lebensgroßen Figuren der deutschen Kaiser handelt, viele Dacherker und ein Dachreiter. Interessant ist ebenso das Rathausbild in H. Hödiges „Auszug der eltesten und fürnembsten Historien des Volkes der Sachsen" von 1597, das dem von Rentz ähnelt.[23] Das Rathaus ist bildlich auch schon in der hochdeutschen Fassung des Volksbuches „Eyn kurtz wylich lesen van Tyel Ulenspiegel" überliefert, so in der 1911 erschienenen Faksimile-Ausgabe des Straßburger Druckes von 1515 mit Holzschnitten von 1573. In der 13. Historie ist davon die Rede, wie der Narr Till Eulenspiegel sich über die Bürger in Madeburg lustig machte, die ihm geglaubt hatten, er könne von der Rathauslaube fliegen. Der von Heinrich Apel 1970 geschaffene Brunnen auf dem Alten Markt erinnert an die Posse.

Seit 1425 besaß das Rathaus eine Uhr. Die Schöppenchronik berichtet dazu: „ ... leit de rad to Magdeborch der stad to eren und den borgeren to nutte und bequemlichkeit buwen einen seiger an dat radhus ...". Es war eine Einzeiger-Uhr, die die vollen und halben Stunden und die Mondstände zeigte, „welches man damals vor ein grosses Kunst=Stück gehalten".[24]

Ob das Rathaus bei dem großen Brandunglück, das die benachbarte Johanniskirche 1452 heimsuchte, in Mitleidenschaft gezogen worden ist, ist nicht bekannt. Die Gefahr einer Ausbreitung des Brandes war groß, denn hinter dem Rathaus befanden sich Trödelbuden in leichtester Bauart. Die Schöppenchronik schreibt über Brandschäden am Rathaus in jenem Jahr nichts. Jedoch berichtet sie von einem Einbruch in die Schatzkammer des Rathauses in der Nacht des St. Lukastages (18. Oktober) 1456, bei dem die Diebe das Silbergerät und Bargeld des Rates erbeuteten. Die Schatzkammer des Rates befand sich vermutlich im südlichen Eckturm des Westflügels.[25]

1539 kaufte der Rat „aus vielerley besorgung feuers halber" das nahegelegene „Haus zum Walfisch" von Borchart Kramer zwangsweise an und ließ es niederreißen. Kramer hatte darin eine Wirtsstube betrieben und mit Teer und Pulver gehandelt.[26] Vier Jahre darauf, am 14. August 1543, brach tatsächlich an der Spiegelbrücke ein großes Feuer aus, mehrere Häuser brannten nieder. Es heißt: „wen alda das haus zum Walfische noch gestanden hette, were das Rathaus, wie zu besorgen, mit abgebrant."[27] Das Rathaus blieb glücklicherweise von den Flammen verschont. Anders 1556, als es am 2. September durch ein Feuer „so vom Himmel gefallen/ angezündet worden/ als eben ein Tantz darauff gehalten worden/ darüber etliche Personen verunglücket."[28] Die Nutzung des Gebäudes als Tanzhaus dürfte nur ratsfähigen Familien vorbehalten gewesen sein und sich im großen Saal des Obergeschosses abgespielt haben.

1540 ließ der Rat das Rathaus, den Roland und den Reiter renovieren. Das Rathaus erhielt eine neue Bemalung und das Dach eine Verzierung mit sechs kupfernen Erkern, die von hohen Kupferdachspitzen gekrönt waren. Dem nördlichen Eckturm wurde ein balkonartig überhängender Umgang zugefügt. Am St. Andreastag (30. November) 1540 wurde eine 16 Zentner schwere Uhrglocke im Rathausturm aufgehängt.[29] Noch im 16. Jahrhundert wird von einem Glockenspiel berichtet, das wahrscheinlich bei der Renovierung 1540 eingebaut worden war. Es spielte u. a. die beiden Choräle „Erhalt uns, Herr, bei deinem Wort" und „Verleih uns Frieden gnädiglich". Am Klang letzteren Liedes soll sich Administrator Joachim Friedrich erfreut haben, als ihm Rat und Bürgerschaft am Mittag des 27. Oktober 1579 auf dem Alten Markt huldigten. Der Frankfurter Student Michael Frank, der Magdeburg 1590 besuchte, schrieb, dass die Uhr alle Viertelstunde zwei Verse aus einem geistlichen Psalm, „lieblichen anzuhören", spielte. Zu jeder Stunde „haben sich auf jedem Schlag zwei Geißböcke zusammengestoßen; ist lustig anzusehen gewesen."[30]
In die zweite Hälfte des 16. Jahrhunderts fielen mehrere bauliche Veränderungen. 1557 wurde in dem der Johanniskirche gegenüber liegenden Teil des Rathauses die Ratsstube eingerichtet. Das geschah über dem Ort, an dem im 14. Jahrhundert die Stadt zur Sühne für die Ermordung von Erzbischof Burchard III. eine Kapelle errichten lassen musste, also über dem heutigen Bischofssaal. Die Sühnekapelle des Heiligen Matthäus war einst durch Zumauerung der über dem „neuen Keller" gelegenen Laube entstanden. Der

Treppenturm in der Südwestecke ist vermutlich gleichzeitig als Glockenstuhl benutzt worden. Der Chronist Johannes Pomarius bestätigt: „Diese Capelle ist gestanden hinten am Rathause/ an S. Johannis Kirchhoffe/ dahin hernachmals die neue grosse Rathsstube gebawet worden." Die neue Ratsstube befand sich nun im Geschoss über der Sühnekapelle, die seit der Reformation als Schreibstube diente.[31] Ebenfalls in der 2. Hälfte des 16. Jahrhundert wurde östlich an den Nordflügel des Rathauses ein Spritzenhaus, ein langgestrecktes Tonnengewölbe, angebaut. Den nördlichen Eckturm der Westfassade ließ die Stadt abreißen.
Bedeutende Ereignisse des 16. Jahrhunderts, wie die Reformation und die über einjährige Belagerung der Stadt 1550/51 durch Moritz von Sachsen beeinflussten die Rathausgeschichte schon deshalb, weil der Rat ohnehin wichtige Entscheidungen zur Politik der Stadt traf. Es ist hier nicht der Ort, die Stellung des Rates zur Reformation zu behandeln. Die Schöppenchronik berichtet von einzelnen Ereignissen, die sich damals im Rathaus zugetragen haben. Dazu gehört zum Beispiel, wie am 6. Mai 1524 mehrere hundert empörte Bürger „auf das Rathaus gekommen" und sich erfolgreich für die Befreiung eines Tuchmachers einsetzten, den Bürgermeister Hans Rubin ins Gefängnis werfen ließ, weil er am Reiter lutherische Lieder verbreitet hatte.
Magdeburg wurde bald zu einem Zentrum der Reformation und Zufluchtsort ihrer Anhänger. Während der Belagerung 1550/51, die Kurfürst Moritz von Sachsen zur Vollstreckung der 1547 verhängten Reichsacht vornahm, fanden sich Bürger und Rat am 2. Dezember 1550 vor dem Rathaus zusammen und schworen, die Stadt auf Leben und Tod zu verteidigen. Bei einem Scharmützel am 20. Dezember 1550 wurde Georg von Mecklenburg gefangen genommen, „ist herin bracht auf das Rathaus und wart auf die Kemmerey gesatzt und mit etlichen Ratshern und bürgern bewaret, ehr wart daselbst verbunden und geheilet, dan er zwei schus und einen stich im leibe hatte."[32] Anschließend wurde er in das Haus „Zum Lindwurm" von Moritz Alemann auf dem Breiten Weg 141 gebracht. Die Belagerung endete im November 1551 mit einem Waffenstillstand. Die Stadt öffnete Moritz von Sachsen die Tore. Der Vertrag mit Moritz wurde vor dem Rathaus im Beisein der gesamten Bürgerschaft

besiegelt und beeidigt. Magdeburg hatte kapituliert, war aber nicht militärisch genommen und geplündert worden.

Die über einjährige standhafte Verteidigung der Stadt 1550/51 begründete trotz der Kapitulation den Ruf Magdeburgs als unbezwingbares Bollwerk der Reformation. Niemand ahnte, dass die Stadt und mit ihr das Rathaus kaum ein Jahrhundert später in Trümmern liegen würde.


## Das Rathaus im und nach dem Dreißigjährigen Krieg

Ein Rathaus ist stets eng mit dem Schicksal seiner Stadt verknüpft. Dies zeigt sich besonders in existenzbedrohenden Situationen, wie sie Brände oder Kriege auslösen.

Anders als bei der Belagerung 1550/51 stand während des Dreißigjährigen Krieges die Bürgerschaft nicht geschlossen hinter dem Rat, der wiederum selbst gespalten war. Innerstädtische Konflikte, bei denen nicht zuletzt offenbar wurde, wie sehr die Meinung der Ratsherren gegenüber den kriegführenden Parteien divergierten, führten 1630 zum Sturz des Rates und der alten Ratsverfassung. Der nach der neuen Ratsverfassung gewählte Rat setzte sich aus 24 auf Lebenszeit gewählten Mitgliedern zusammen. Jeweils zwei der vier Bürgermeister und Kämmerer regierten mit der Hälfte der Ratsherren ein Jahr. Der neue Rat bestand nicht mehr hauptsächlich aus Vertretern weniger bevorrechtigter Innungen, sondern auch aus Vertretern der gemeinen Bürgerschaft.

Während die Mehrheit des alten Rates im Kriegsgeschehen auf einen Ausgleich mit dem Kaiser gesetzt hatte, stimmte der neue Rat in Verkennung der realen Lage und aus Angst vor der drohenden Rekatholisierung einem Bündnis mit Schweden zu. Anfang Mai 1631 spielten sich im Rathaus dramatische Tage und Stunden ab. Die kaiserlichen Truppen drangen unaufhaltsam gegen die Altstadt vor. Mehrfach forderte Tilly den Rat zur Übergabe auf. Die Ratsherren hielten langwierige Beratungen ab, hofften auf Entsatz der Truppen des Schwedenkönigs Gustav Adolf. Die standen jedoch noch weit entfernt. Am frühen Morgen des 10. Mai, um 4 Uhr, fand im Rathaus erneut eine Krisenberatung statt. Nachdem die Ratsherren in Stunden höchster Gefahr die

Ausweglosigkeit der Situation erkannt und sich zur Kapitulation durchgerungen hatten, konnten sie sich gegenüber dem schwedischen Stadtkommandanten Dietrich von Falkenberg nicht durchsetzen. Falkenberg wandte die beschlossene Übergabe ab. Um 7 Uhr begann der von Tilly befohlene Generalangriff. Die Katastrophe nahm ihren Lauf. Eine der größten und noch immer reichsten Städte Deutschlands ging in der mit der Eroberung einhergehenden Feuersbrunst unter. Tausende – Schätzungen gehen von bis zu 30.000 Toten aus - verloren ihr Leben. Bis auf wenige Gebäude war alles zerstört. Auch das Rathaus blieb von dieser Katastrophe nicht verschont.

Ein Schreiben des Stadtsekretärs Heinrich Wesche an den Administrator Herzog August vom 26. März 1677, in dem er sich nach Dokumenten zur Stadt Magdeburg im alten Erzstiftischen Archiv erkundigte, ist nur ein Zeugnis für die Tragödie. Darin heißt es: „ ... Es ist leyder! mehr denn bekannt, welcher gestalt bey grausamer Erober-und Einäscherung der guten Stadt Magdeburg, auch das Rat-Hauß daselbsten sambt allem was darinnen zu befinden gewesen, gantz jämmerlich mit in die Asche geleget, so gar, daß auch von allen Brieffschaften und Uhrkunden ... kein eintziger Bogen salviret worden".[33] Der Verlust des Stadtarchivs wird auch durch Bestätigung des Rates gegenüber der Familie von Möllendorf belegt. Diese hatte 1600 eine Lade mit Urkunden im Archiv hinterlegt. Als sie nun einen Nachweis benötigte, dass die Urkunden vernichtet seien, bescheinigte ihr der Rat im Oktober 1646: „ ... es sei weltbekannt, dass 1631 das Rathaus mit allen Gewölben und Gemächern und allem Inhalt rein ausgebrannt sei."[34]

Wie gravierend die Schäden am Rathaus durch die Ereignisse im Mai 1631 im Einzelnen waren, lässt sich nur schwer feststellen. Der Westflügel war gänzlich ausgebrannt und kündete noch viele Jahre von der Katastrophe des Jahres 1631. Johannes Vulpius beklagte 1702, dass nur noch „einiger massen die alten rudera" von der einstigen Schönheit des Rathauses kündeten: „An dem Mauer-Werck gegen Abend und Mittag praesentirten sich noch einige Statuen/ derer Römisch-Teuschen Kayser/ welche alle aussen um das Rath-Hauß herum in Lebens-Grösse gestanden/ und schön angemahlet gewesen ..." Auch Otto von Guericke erinnerte in seiner Geschichte der Belagerung und Zerstörung Magdeburgs an „das schöne, wohlerbauete Rathaus, woran viele alte Monumente, Bilder und Wappen in Stein gehauen und sonst gemalt gestanden".[35]

Der Nordflügel des Rathauses war außer dem östlichen Teil mit der Ratsstube weniger beschädigt worden. Hier richtete sich bald wieder ein Teil der Verwaltung notdürftig ein. Der Rat benutzte für seine Sitzungen zunächst Räume in anderen Gebäuden der Stadt. So tagte er zeitweise im Saldernschen Haus, das sich neben dem Wohnhaus Otto von Guerickes in der Großen Münzstraße befand. Außerdem benutzte er für seine Sitzungen den Randauischen Hof in der Gouvernementstraße 1.[36] Wie aus den Kämmereirechnungen hervorgeht, zahlte er noch 1638 Miete für das Haus. Doch seit etwa Mitte des 17. Jahrhunderts tagten die Bürgermeister und Ratmannen wohl in wiederhergestellten Hintergebäuden des Rathauses am Johanniskirchplatz, wo auch zunächst die Kämmerei untergebracht war.[37] Aus dem Jahre 1646 ist eine von den Bürgermeistern und Ratsherren freiwillig, zur „Haltung guter Ordnung" verfasste Satzung überliefert. Demnach hatte sich der Rat zu den angekündigten Sitzungen pünktlich „zu gewöhnlicher stelle" niederzusetzen. Verspätete sich ein Ratsherr, so musste er Strafgroschen zahlen. Den Ratsmitgliedern war es nicht gestattet, den Sitzungen durch andere Geschäfte fernzubleiben.[38]

Ein Stadtwappen von 1650, das bis zur Zerstörung 1945 die Ostseite des Rathauses zierte, kündete von bereits begonnenen Wiederaufbauarbeiten am Rathaus in der Mitte des 17. Jahrhunderts. Um diese Zeit wurde an der Ratsstube, also an der südöstlichen Ecke des Nordflügels, ein Runderker mit Rankenwerk an den Fensterpfosten angesetzt. Den mit Pflanzenornamenten ausgestatteten Erker zierten die Wappen der damaligen vier Bürgermeister Stephan Lentke, Otto Gericke (seit der Nobilitierung 1666 von Guericke), Georg Kühlewein und David Brauns. Jene Wappen wurden auch an den Sockeln der Säulen, die den 1651 errichteten Baldachin des Magdeburger Reiters trugen, angebracht, nur etwas größer und durch zwei weitere vermehrt.[39]

Ein anschauliches Bild des Rathauses, wie es sich dem Betrachter in der zweiten Hälfte des 17. Jahrhunderts darbot, hat Gottfried Gengenbach in seiner 1678 erschienenen topographischen Beschreibung der Stadt Magdeburg festgehalten. Sie vermittelt zugleich einen Einblick in die Funktion einzelner Räume: „Unter den Weltlichen Gebeuden ist das Vornehmste das Rahthauß ... auff dem Marcke/ und weisen die annoch daran befindlichen rudera, daß es vor Alters ein überaus schön Gebäude gewesen seyn muß/ es ist noch nicht gantz gebauet/ wann man hinaufgehet/ so stehet über dem Thürmgen/ darinnen die Treppen/ der Stadt Magdeburg Wapen ..." Hinauf ging man über den Treppenturm an der Nordwestecke des Nordflügels, dessen Helm auf der Ansicht von Daniel Müller 1701 deutlich sichtbar ist. Durch einen Vorraum gelangte man in den großen Saal, von dem aus fast alle anderen Zimmer zu erreichen waren. Vor dem großen Saal hing „ein halb Stübgen Maas von Metall", eine eiserne Elle war mit Ketten „in die Mauer feste eingemachet".[40] Mit Hilfe dieser Maße konnten die auf dem Markt verwendeten

*Wappen der Stadt Magdeburg an der Ostseite des Alten Rathauses, 1936 (StAM)*

Maße überprüft werden. Im Obergeschoss befanden sich außerdem die Ausschuss-Stube, die Kämmerei, das Zimmer für das Nebengericht, die Schoßstube (Steueramt), die Schreiberei sowie die Ratsstube mit einem kleinen Saal davor. In die südwärts in den Hof ragende Ratsstube über der ehemaligen Matthäus-Sühnekapelle konnte man auch

*Nördlicher Erker an der Ostseite des Alten Rathauses, im 19.Jahrhundert um ein Geschoss erhöht – Aufnahme vor 1945 (StAM)*

vom Hof aus über eine steinerne Wendeltreppe gelangen. Der Treppenturm ist erst in den 60er Jahren des 19. Jahrhunderts entfernt worden.

Die Decke der Ratsstube war mit schöner Stuckatur versehen und zeigte Abbildungen römisch-deutscher Kaiser. Vor der Stirnwand der Ratsstube saßen bei den Ratssitzungen die beiden regierenden Bürgermeister in erhöhter Position. Über ihnen prangte ein großer holzgeschnitzter Adler – ein Zeichen, dass der Rat noch immer an seiner Forderung nach Reichsfreiheit festhielt. Vor dem Reichsadler stand die lange Tafel mit den Stühlen für die Ratsherren und die beiden nichtregierenden Bürgermeister. Außerdem gab es in diesem Raum die Bänke, auf denen bei der Ratswahl die Körherren saßen. Die lichtlosen Keller des Rathauses dienten als Verließe für Landstreicher, Heimatlose und Verbrecher, zeitweise sogar als Wohnungen für Büttel und arme Höker. Auf der Seite zum Markt befanden sich nach Gengenbach ein Gewandschneider-Gewölbe sowie ein Narrenhäuslein, „darin die bösen Weiber und Buben pflegen gestecket zu werden."[41] Unter der Schreiberei in der Osthälfte des Nordtraktes lag das Spritzenhaus.

Die schon im Mittelalter belegte Mehrfachnutzung des Rathauses hatte sich über die Jahrhunderte erhalten. Ob die im 17. Jahrhundert erwähnten zwei Läden mit Gewandschnitt noch nach der Zerstörung von 1631 als solche dienten, ist unklar. Den einen besaßen Moritz und Stephan Lentke, den anderen ein Mitglied der alten Ratsfamilie Sturm, die nach 1631 allerdings nicht mehr in Madeburg ansässig war.[42]

## Vom Rathausneubau 1691 bis zur Mitte des 19. Jahrhunderts

Erst am Ende des 17. Jahrhunderts hatte sich die Stadt von den Auswirkungen des Dreißigjährigen Krieges soweit erholt, dass sie mit dem Wiederaufbau bzw. Neubau des Rathauses beginnen konnte. Zu jener Zeit – Magdeburg stand nun unter der Herrschaft des Kurfürsten von Brandenburg - wuchsen in der Elbestadt einerseits mächtige Festungswerke empor, andererseits entstanden mehr und mehr repräsentative Bürger- und Innungshäuser, auch am Alten Markt.

Die Akte, die zum Bau des neuen Rathauses angelegt wurde, beginnt im Jahre 1691 mit folgenden Worten: „Was Tylli Grimm verbrannt, Das bauet Friedrichs Hand! Der bauet und beschenckt, Mit Ruhm Mann des gedenckt."[43] Es muss ein bedeutender Augenblick für Ratsleute und Bürger gewesen sein, als am 14. September 1691 der Ratsherr und Deputierte des Bauamtes Dr. jur. Albrecht Friedrich von Syborg den Grundstein zum Aufbau des Westflügels des Rathauses legte. Von Syborg entstammte einem alten Patriziergeschlecht, das schon vor 1631 in der Stadt ansässig war. Von 1693 bis zu seinem Tod am 19. Februar 1704 übte er das Bürgermeisteramt in Magdeburg aus und begleitete so den Rathausbau weiter. Die Bauleitung unterstand dem Ingenieurhauptmann Heinrich Schmutze, der auch am Bau der Zitadelle mitwirkte. Schmutze starb am 27. Oktober 1704 in Magdeburg.

Der Neubau des Westflügels wurde wahrscheinlich auf den mittelalterlichen Fundamenten errichtet. Der für das Rathaus verwendete Sandstein musste aus den Steinbrüchen von Seehausen nach Magdeburg geliefert werden. Dazu wies der brandenburgische Kurfürst Friedrich III. u. a. am 8. November 1694 die Ämter Wolmirstedt, Wanzleben und Dreileben sowie die Möllenvogtei in Magdeburg an, von den Ackerleuten und Halbspännern Spanndienste für den Rathausbau, „welcher zur Zierde der Stadt gereichet", leisten zu lassen. Die Arbeiten sollten schnell vorangetrieben werden, da das Rathaus "zum algemeinen besten und Handhabung der heilsamen Justiz" diene.[44] Bereits 1691 hatte Kurfürst Friedrich III. auf Gesuch des Magdeburger Rates 4.000 Taler und Freifuhren von Baumaterial bewilligt.[45]

Als der Magistrat, wie sich der Rat nun zunehmend nannte, 1691 mit dem Bau des neuen Westflügels begann, „hat er darbey die beständige Meinung mit geführt, den daran gelegenen alten Stadt-Keller .. zugleich wieder anzurichten, und zwar dies nicht allein der Uhrsache halber, daß solcher Keller zu dem vorhabenden Rathauß-Bau einige Intraden mit trage, sondern auch fürnemblich darumb, daß ein jeglicher aus demselben reinen Weinen und unverfälschten Trunck, woran es leyder! bey der Stadt seithero mangelt, allemahl haben möchte..."[46] Zwei Eingänge und Treppen waren für den großen Keller unter dem Rathaus, „so zum Wein- und Bier-Schank wieder gebrauchet werden soll", vorgesehen. Der Magistrat benötigte nicht nur finanzielle Zuschüsse, sondern das kurfürstliche Privileg zum Ausschank außerhalb des kurfürstlichen Landes gebrauten, „in gutem Ruf" stehender Biere. Zudem hoffte er darauf, dass ihm der Kurfürst die darauf liegende Akzise (Verbrauchssteuer) erlassen werde. Deshalb informierte er in diesem Zusammenhang den Kurfürsten nicht uneigennützig über die geplante Aufstellung der Statue „des seeligsten und glorwürdigsten Churfürsten Friedrich Wilhelms des Großen, als ersten Herzog zu Magdeburg" und „des jezo Regierenden Churfürstens Friedrichs des Dritten alß anderen Herzogs zu Magdeburg Statue..."[47] Die Statuen sollten in „gehöriger Größe" und mit „gehöriger Inscription" (Inschrift) an den Zugängen zum Ratskeller ihren Platz finden. Der Magistrat erhielt sowohl finanzielle Unterstützung als auch das ersehnte Privileg und konnte ab 1693 Biere, wie Braunschweiger Mumme, Duchstein, Goslarer und Quedlinburger Gose sowie Zerbster Bier im Ratskeller ausschenken. Zur Verwaltung des Ratskellers richtete der Magistrat eigens ein Kelleramt ein.

Vor 1693 befand sich die Ratsschänke im Haus „Zur Lauenburg" am Breiten Weg 51, das unter und über der Erde schöne Gemächer hatte. Das Gebäude lag südlich der Einmündung zum Alten Markt. Dort wird es 1503 als Ratsschänke urkundlich genannt. Nach der Zerstörung der Stadt öffnete die Schänke schon 1639 wieder, während der große Rathaus-Keller bis 1691 mit Gefängnissen und anderen Gemächern verbaut war. 1718 musste das Haus "Zur Lauenburg" auf Befehl der Regierung mit anderen Häusern des Rates verkauft werden.[48]

*Der Alte Markt 1701 mit dem Rathaus.*
*Mitten auf dem Alten Markt befand sich die Hauptwache, die 1723 in das Zeughaus verlegt wurde. Das Zeughaus ist hinter dem Rathaus zu sehen. (KHM)*

Derweil der Ratskeller schon in Betrieb war, gingen die Bauarbeiten am neuen Rathaus weiter. Für die Steinmetzarbeiten war Meister Höltzner[49] verantwortlich. Die Zimmerarbeiten führte der Zimmermeister Burchart aus. Fünf Jahre nach der Grundsteinlegung des Rathauses, am 8. Dezember 1696, konnte das Richtfest gefeiert werden. Am 12. Januar 1698 setzte der Bürger und Schieferdeckermeister Heinrich Heinemann feierlich Knopf und Fahne auf den Rathausturm.[50] Doch erst 1713 war der Bau innen und außen vollständig beendet. Die Gesamtkosten für den Rathausbau betrugen knapp 18.000 Taler.[51]

Man kann annehmen, dass der Abschluss des Rathausbaus die Magdeburger Bürger mit Stolz erfüllte. Sie schufen sich einen palastartigen zweigeschossigen Putzbau, der fast die gesamte Ostseite des Alten Marktes wirkungsvoll einnimmt. Er besitzt ein hohes Walmdach mit Dachreiter. Die durch vorspringende Gebäudeteile harmonisch gegliederte Fassade ist von italienisch-niederländischem Einfluss geprägt. Im Erdgeschoss fällt die offene zweischiffige Halle mit Kreuzgewölben auf. Die Erdgeschosslauben setzen eine Tradition des mittelalterlichen Rathauses fort. Der kräftig vorspringende Mittelrisalit mit Säulenvorhalle, Balkon und skulptiertem Giebel verleiht dem Bau ein würdevolles Aussehen. Der ehemalige Stadtbaurat Otto Peters stellte das Rathaus „in die Reihe der hervorragenden deutschen Renaissancebauten, indem seine Architekur folgerichtig zur späteren Bauweise des Barock überleitet...“ Peters lobte 1902 insbesondere die schöne Fassade, „die in edelsten Formen italienischer Renaissance durchgebildet ist.“[52] Die Schlusssteine der sechs Bogen des unteren Laubenganges verraten wie die der oberen Loggien den Stil deutscher Renaissance, während die Schlusssteine in den Blendbogen der Risalitarchitektur den italienischen Stil betonen. Die Kolossalköpfe erinnern an antike Vorbilder. Die großen Putten, die das Stadtwappen halten, zeigen den Stil deutscher Renaissancebildhauerei.[53] Die imposanten Bildsäulen am Dachgesims stellen die Göttinnen des Rechts (Themis), der Gesundheit (Hygia) und des Friedens dar.[54]

Das Magdeburger Rathaus weist architektonische Elemente auf, die bei den Schlossbauten in Zerbst (Pilastergliederung) und Salzdahlum (Arkadenmotiv) sowie beim Berliner Zeughaus (zweiteilige Fassadengliederung, Schlusssteinköpfe) Verwendung fanden.[55] Schmutze stand künstlerisch auf der Höhe seiner Zeit. Man bedenke, dass der Architekt „mit dem klaren Blick des Künstlers ein geschlossenes Städtebild zu schaffen bemüht war, als er den Rathausbau niedrig hielt, um die Schäfte der Johanniskirche darüber hinauspfeilen zu lassen. Wer diese Einheit von Stadthaus und Stadtkirche einmal erlebt hat, der hat den Barock verstanden.“[56]

Mit dem Neubau hatte des Rathaus ein Aussehen erhalten, das sich bis zu den großen Erweiterungsbauten auf der Süd- und Ostseite in den 1860er Jahren nicht wesentlich änderte. Johann Christian Friedrich Berghauer urteilt 1800: „... es ist in einem großen, seiner Bestimmung angemessenen Style erbauet.“ Auch Friedrich Wilhelm Lehmann bezeichnet es 1839 als „Palast, der als eine der schönsten Zierden unsrer guten Stadt betrachtet werden kann.“

*Detail am Alten Rathaus, 2006 (JBu)*

Hinter den Loggien zu beiden Seiten des offenen Balkons im Obergeschoss befand sich bis zum Umbau der 1860er Jahre der große Saal für die Zusammenkünfte der Repräsentanten der Bürgerschaft. Dorthin gelangte man durch die Haupttür unter dem Balkon über zwei steinerne Treppen. Berghauer schrieb 1800: „Dieser Saal erstreckt sich durch das ganze Gebäude ... und ist bis auf einige Verzierungen über den Thüren rechter und linker Hand und an dem Gebälk, ganz simpel. Auf den Seiten zwischen den Fenstern sind Actenschräncke. Zur rechten ist die Stadtbuchs-Stube, worin die Stadt- oder Hypothekenbücher nebst den Grund-

Acten aufbewahrt werden; zur linken ist die Bibliothek, über die einer von den gelehrten Rathmännern die Aufsicht hat. Zwey Bogen führen von dem großen zum kleinen Rathssaale. An dem mittleren Pfeiler sind rechter Hand das Magdeburgische Maß und die Magdeburgische Elle, beyde von gegossenem Messing und an Ketten befestigt."[57] Im oberen Stockwerk befanden sich außerdem die große und die kleine Ratsstube, die Kämmerei, das Stadtarchiv, die Registratur und die Schreiberei, die Vormundschaftsamtsstube, die Pfändekammer, die Kommissionsstube und die Marktgerichtsstube. Anzumerken ist, dass der Gelehr-

*Alter Markt und Rathaus um 1750 (StAM)*

Prospect der alten Marckts und Rathhaus zu Magdeburg um 1750)
Einem Edlen Rath der Stadt Magdeburg ehrerbidigst

*Wetterfahnen, 2006 (JBu)*

Spätrenaissancetüren im Alten Rathaus. Ein Reiseführer gibt sogar die genaue Lage der „wundervoll geschnitzten Tür" an – im Obergeschoss bei Zimmer 16.[60]

Im Untergeschoss des Rathauses befand sich im rechten Flügel die Servisstube[61], hinter der zwei Gerichtsdienerwohnungen lagen. Neben der Servisstube führte ein Gang durch das Rathaus zum Johanniskirchhof, wo sich Kürschner- und Trödlerboutiquen aneinander reihten. In der großen

*Renaissancetür, so genannte Justitiatür aus dem 17. Jahrhundert, im Alten Rathaus um 1900 (StAM)*

te Zacharias Conrad von Uffenbach bei seiner Reise nach Magdeburg im Jahre 1709 von zwei außerhalb des Gebäudes gelegenen Treppen spricht. Das Rathaus „ist nunmehro ein ziemlich grosses schönes steinernes Gebäude, auf welches man ausserhalb auf zwo breiten steinernen Treppen hinauf gehet."[58]

In der großen Ratsstube fanden dienstags und freitags die Sitzungen des Rates statt. Dort sah Berghauer 1800 einige bemerkenswerte Ausstattungsstücke, darunter eine von Otto von Guericke angefertigte Uhr, eine Ansicht der Stadt Magdeburg vor der Zerstörung 1631, einen großen Grundriss der Stadt Berlin und ein Porträt Friedrich Wilhelms I. Dem Betrachter werden auch die Stuckaturen nicht entgangen sein, die im 18. Jahrhundert in der Ratsstube von dem Italiener Pietro Rosso ausgeführt worden sind. Andere Räume wurden im 18. Jahrhundert ebenfalls ausgeschmückt. Kamine und Pforten erhielten reiches Stuckwerk. Die besonders reichhaltig geschmückte so genannte Justitiatür, „ein kleines Wunderwerk der Schreinerkunst", stammte hingegen bereits aus dem dritten Viertel des 17. Jahrhunderts.[59] Sie war nur eine von mehreren noch in der ersten Hälfte des 20. Jahrhunderts vortrefflich erhaltenen

Halle in der Mitte zum Alten Markt zu befanden sich mehrere Gemächer, die teils als Läden vermietet waren, teils als Aufbewahrungsräume für den Ratskeller dienten. Von der Halle konnte man linker Hand direkt in die Gaststube des Ratskellers gelangen. Hinter dem Rathaus, in Richtung Spiegelbrücke, standen Schuppen zur Aufbewahrung der Feuerspritzen, dahinter lag u. a. die Wohnung des Stockmeisters (Gefangenenwärter) mit den Gefängnissen.[62]

Das Vorhalten von Spritzen und anderen Feuerlöschinstrumenten war in der Königlich Preußischen Feuerordnung für die Stadt Magdeburg von 1748 festgelegt. Im „großen Spritzenhaus unter dem Rathause" befanden sich am Ende des Jahres 1747 sechs Schlauch- und Rohrspritzen, 350 lederne Feuereimer, 10 Handspritzen und weitere Feuerlöschinstrumente, wie Äxte, Sturmfässer, Feuerleitern und Feuerhaken.[63] Die vorgeschriebene „gute Anzahl" lederner Feuereimer wurde u. a. dadurch erreicht, dass bei der Vergabe des Bürgerrechtes der Altstadt der künftige Bürger außer dem erforderlichen Bürgergeld auch einen ledernen Eimer abzugeben hatte.

In der Zeit, als das Rathaus wieder aufgebaut wurde, war Magdeburg fest in den brandenburgisch-preußischen Staat integriert. Es kam mehr und mehr zu Beschneidungen städtischer Verwaltung. Der Stadthistoriker Ferdinand Albert Wolter bemerkte dazu: „... der einst hochvermögende Rat ....ist herabgesunken zu einer Lokalbehörde, deren trockener und schleppender Geschäftsgang vom Regierungstisch aus geleitet wird."[64] Jahrelang musste der Rat bzw. Magistrat eine Revision der rathäuslichen Verhältnisse über sich ergehen lassen. Nach einem rathäuslichen Reglement von 1736 bestand der Magistrat aus einem Stadtpräsidenten (nach 1743 nicht wieder besetzt), zwei Bürgermeistern, einem Kämmerer, sechs Ratsmännern, einem Syndikus und einem Obersekretär. Dazu kamen Subalternbeamte (Unterbeamte). Die Wahl der Ratsmänner erfolgte noch immer nach den Bestimmungen des Rezesses von 1630.

Der Magistrat hatte nicht nur die Stadt zu verwalten, sondern übte noch immer auch die Polizeiaufsicht aus und war Gerichtsherr. Er besaß die Gerichtsbarkeit in geistlichen sowie in Zivil- und Kriminalsachen in der Altstadt (unter Ausschluss der Häuser der Französischen und der Pfälzer Kolonie), auf dem Stadtmarsch, dem Werder, den Elbbrücken und Schiffsmühlen sowie auf den außerhalb der Stadt gelegenen, der Kämmerei und dem Fähramt gehörigen Grundstücken. Er war Patron der evangelisch-lutherischen Kirchen, Schulen und milden Stiftungen und führte die Aufsicht über deren Verwaltung. Er verhandelte über Prozess- und Strafsachen und über alle administrativen Angelegenheiten von allgemeinem Interesse.[65]

Das Rathaus war nach wie vor auch ein Ort für öffentliche Veranstaltungen. Am 25. Juni 1771 gastierte zum Beispiel die Theatergesellschaft von Carl Theophil Döbbelin mit dem Trauerspiel „Richard III." im großen Ratssaal.[66] Man war darauf bedacht, der Würde des Hauses zu entsprechen und insbesondere den Ratskeller nicht zu einer „billigen Wirtschaft" herunterkommen zu lassen. Als der Rat Ende des 18. Jahrhunderts den Ratskeller erstmals und dann ständig verpachtete, hieß es in dem 1796 abgeschlossenen Übernahmevertrag: „Der Wirt darf nur Gäste aus höherm und mittlerem Bürgerstande aufnehmen; ferner darf nicht getanzt werden, sonst für jeden einzelnen Fall 10 Taler Konventionalstrafe."[67]

Auf Anweisung der Königlichen Kriegs- und Domänenkammer hatte die Stadt ab 1781 den Rathaussaal an fremde Tuchmacher zur Auslage ihrer Waren in Mess- und Jahrmarktzeiten im Frühjahr und Herbst zu vermieten. Zur Bewachung der Akten wurden zwei Wächter angestellt. Bis in die Westfälische Zeit hinein hielten Tuchmacher aus Burg im Rathaussaal ihren Tuchmarkt ab. Dann endlich hielt die Stadt es nicht mehr für passend, den Saal zu vermieten, nicht zuletzt wegen der Störungen, die daraus im Geschäftsgang der Verwaltung zu beklagen waren.[68]

Nach der Angliederung Magdeburgs an das von Napoleon I. neu gegründete Königreich Westfalen im Jahre 1807 blieb der Altstädter Magistrat nicht in seiner bisherigen Form bestehen. Die Ratsverfassung richtete sich nach französischem Muster. Jede Munizipalität (Gemeinde) wurde nun von einem Maire und von Beigeordneten (Adjunkten) verwaltet und hatte einen Munizipalrat. Das Rathaus erscheint in amtlichen Mitteilungen nun als „Mairie-Gebäude". 1812 wurde hier eine Lotterie für eine in Form eines Vogelbauers besonders kunstvoll verfertigte Uhr des Meisters Perret Gentil veranstaltet.[69]

Die Westfälische Zeit währte nur wenige Jahre. 1814 zogen die preußischen Truppen in Magdeburg ein. Die Mairie nahm wieder den Titel „Magistrat" an. Aus dem Munizipalrat wurde der Gemeinderat und das Rathaus hieß wieder Rathaus. 1820 musste der Turm des ehrwürdigen Gebäudes abgebrochen werden, weil sein Holzwerk schadhaft geworden war. Im Turmknopf fanden sich in einer kupfernen, versilberten Kapsel die 1698 dort deponierten Unterlagen und Münzen. Die Pergamente von 1698 waren jedoch so verwittert,

*Alter Markt um 1810 (StAM)*

Der alte Markt zu Magdeburg.

dass nicht mehr festgestellt werden konnte, „was unsere Väter für uns darauf geschrieben, wenn in der Stadtbibliothek nicht eine Abschrift dessen vorhanden (gewesen) wäre".[70] Zwar gab es anfangs Zweifel, ob es notwendig sei, einen neuen Turm zu bauen, aber „da man sich einmal daran gewöhnt hatte, ihn als Zierde des Gebäudes zu betrachten, so ist an die Stelle des alten Thurmes ein neuer gesetzt", schrieb Oberbürgermeister August Wilhelm Francke am 12. Dezember 1820.[71] Es war der Tag, an dem der von Zimmermeister Johann Heinrich Christian Gottfried Schwarzlose erbaute Turm mit dem alten, aber neu vergoldeten Knopf geschmückt wurde. Dem Brauch folgend, hinterlegten die Zeitgenossen in ihm erneut Münzen und Papiere.[72] Wie der Handwerker Johann Jacob Kalk am 26. März 1821 an Oberbürgermeister Francke schrieb, benötigte er mit seinen drei Lehrlingen wegen der schlechten Witterung über drei Monate, um das Dach mit Zink zu decken. Kurze Zeit später erhielt das Rathaus auch eine neue Pendeluhr und im Jahre 1827 auf Anregung von Oberbürgermeister Francke einen Blitzableiter.[73]

Aus den 20er Jahren sind noch weitere Neuerungen bekannt.

Im Rathaus hatte seit 1823 die kommunale Sparkasse der Stadt, eine der ältesten in Preußen, ihren Sitz. 1826 kaufte der Magistrat von der Witwe Dorothee Eleonore Kühne den östlich neben dem Rathaus gelegenen ehemaligen „Kürschnerschrank", unter dem ein großer Keller lag, mit den dazu gehörigen Verkaufsläden.[74] Bald darauf ließ er die Rathausboten-Wohnungen und das angekaufte alte Kürschner-Innungshaus an der Hinterfront des Rathauses abtragen und 1828 an dieser Stelle zwei einstöckige kolonnadenartige, 160 Fuß[75] lange Seitenflügel neu errichten. In ihnen fanden u. a. 24 Kram-Läden und neue Wohnungen für Rathausboten Platz. Der obere Teil der Johannisbergstraße und die Sicht vom Alten Markt zum Portal der Johanniskirche sowie der Johanniskirchweg in Richtung Rathaus-Arkaden sollen dadurch „ungemein verschönert" worden sein. Dies war nicht zuletzt durch den Abriss der Johanniskirchhof-Mauer und die Anlage eines Fahrdammes über den Kirchhof möglich geworden.[76] Zu den Läden hinter dem Rathaus bemerkte Friedrich Wilhelm Lehmann 1839: „Hier befindet

sich der Trödler-Waaren-Markt, woselbst für den Ankauf der mehrsten unser ökonomischen Bedürfnisse bestens gesorgt ist. ... Die Menge der verschiedenartigsten, heterogensten Gegenstände, - welche auf diesem Trödler-Markte untereinander aufgehäuft sind, - ist unbeschreiblich und gewährt in der That, einen echt burlesken Anblick .... Alles liegt in den buntesten Reihen, durcheinander, und man kann sich daselbst stundenlang unterhalten, um nur den zehnten Theil dieses Chaos überblicken zu können."[77]

Die Trödelmarktanlage hinter dem Westflügel des Rathau-

*Verkaufsstände in den Rathauskolonnaden um 1850 (StAM)*

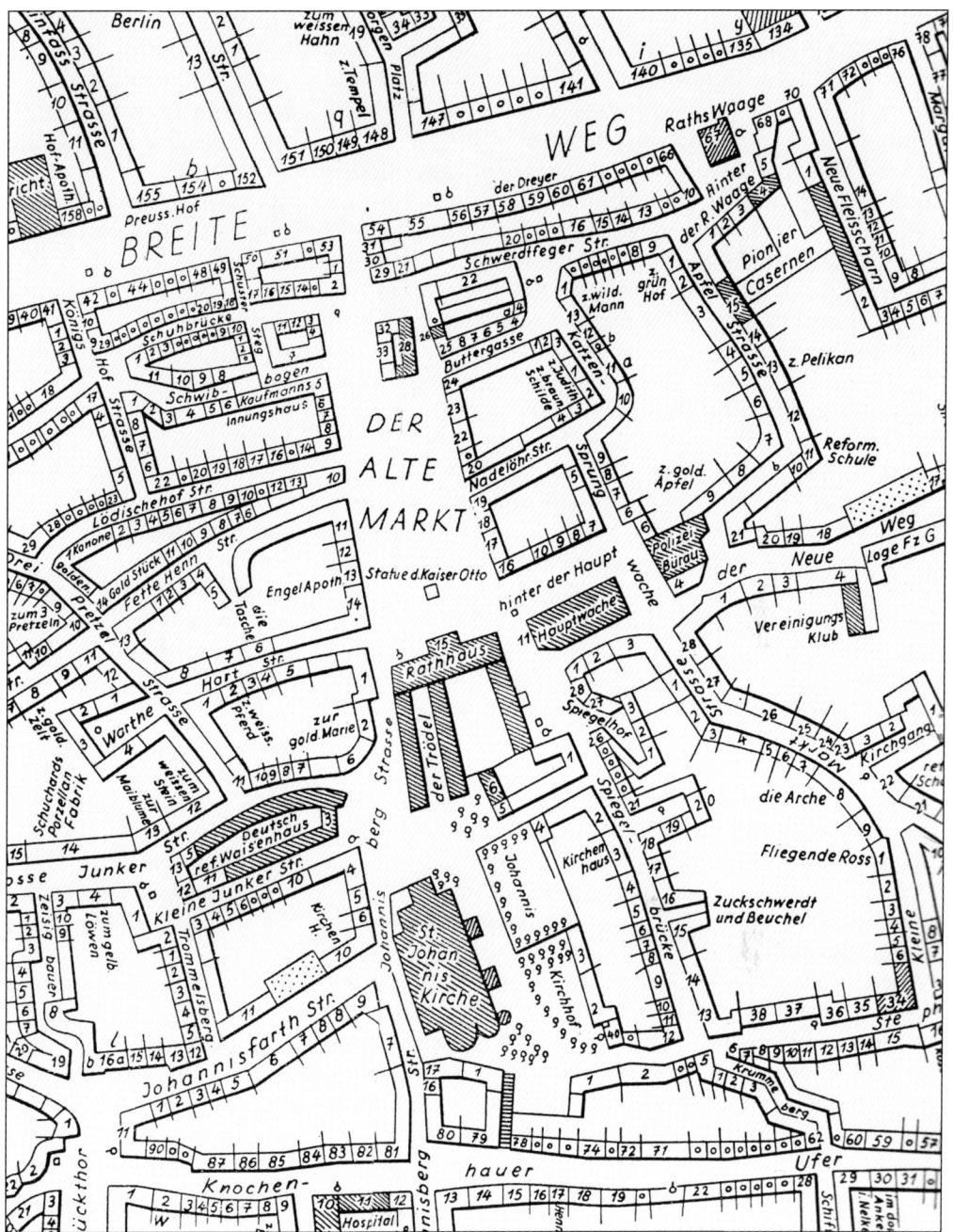

Der „Trödel" hinter dem Rathaus ist auf diesem Plan aus dem Jahre 1829 von Carl Robolsky eingezeichnet. (StAM)

ses, wie sie ähnlich schon auf dem Plan Otto von Guerickes 1632 und auf dem Robolsky-Plan von 1829 zu sehen ist, wurde erst in den 1860er Jahren durch den Neubau des Ost- und Südflügels des Rathauses beseitigt.

Friedrich Wilhelm Lehmann erwähnt in seiner Topographie 1839 auch ein aus Eisen gegossenes, am Wandpfeiler des Rathauses beim Eingang in den Ratskeller eingemauertes „halbes Preuß. Ruthen-Längen-Normal-Maß".[78] Es ist heute dort noch zu sehen. Ferner rühmte Lehmann die mit 12.000 Bänden ausgestattete Bibliothek, die durch zahlreiche Porträts und Büsten geziert wurde und auch eine Luftpumpe Otto von Guerickes aufbewahrte. Im kleinen Sitzungssaal war zudem die von Guericke selbst gefertigte astronomische Pendeluhr aufgestellt. An dieser Stelle sei auf die Guericke-Büste von Friedrich Tieck hingewiesen, die Oberbürgermeister Francke anlässlich des 200-jährigen Gedenkens an die Zerstörung Magdeburgs 1831 im festlich geschmückten Bürgersaal enthüllte. An der Gedenkfeier im Rathaus nahmen damals über 700 geladene Gäste teil. Bereits 1816 hatte der Magistrat eine Büste Otto von Guerickes erhalten und in der „blauen Stube" aufgestellt. Es handelte sich um die Kopie eines von dem Bildhauer Rathgeber 1811 angefertigten Werkes, das später in die Walhalla kam.[79]

Im Jahre 1832 erfolgte in Magdeburg die Einführung der revidierten Städteordnung von 1831, die eine Veränderung der städtischen Verfassung zur Folge hatte. Die Stadtverwaltung lag in den Händen eines von Stadtverordneten gewählten Magistrats, an dessen Spitze der Oberbürgermeister stand. Die von der stimmfähigen Bürgerschaft gewählte Stadtverordnetenversammlung kontrollierte den Magistrat, hatte ihm ihre Wünsche, Vorschläge und Beschwerden mitzuteilen. Justiz und bis auf einzelne Bereiche die Polizei lagen in den Händen des Staates. Wie die revidierte Städteordnung von 1831 räumte auch die Städteordnung von 1853 den Städten das Recht ein, statuarische Anordnungen zu erlassen. Die Stadt Magdeburg hat mehrere solcher Statuten herausgegeben. Ein solches von 1887 bildete noch in den ersten drei Jahrzehnten des 20. Jahrhunderts die Grund-

lage der städtischen Verfassung. Die Städte waren als Korporationen des öffentlichen Rechts Selbstverwaltungskörper und somit innerhalb ihres Zuständigkeitsbereiches durch ihre verfassungsmäßigen Organe zum selbstständigen Handeln mit eigener Verantwortung befugt. Magdeburg hatte das Glück, an seiner Spitze einige sehr verdienstvolle Oberbürgermeister zu sehen, die wirtschaftliches Wachstum, kulturelles Leben, die Entwicklung zur Großstadt kräftig förderten.[80]

## Von den großen Um- und Erweiterungsbauten bis zum Ende des Kaiserreiches

Als im Laufe des 19. Jahrhunderts mit zunehmender Industrialisierung die Einwohnerzahl sprunghaft anwuchs – sie hatte sich von 1818 bis 1864 (70.147) nahezu verdoppelt – und Magdeburg sich nach und nach zu einer Großstadt entwickelte, hatte das auch Auswirkungen auf die Verwaltungstätigkeit. Die Räumlichkeiten im Rathaus reichten nicht mehr aus. 1855 legte Oberbürgermeister Karl Gustav Friedrich Hasselbach ein „Pro-Memoria betreffend die Unzulänglichkeiten des Rathauses ..." vor und forderte eine Erweiterung und Verbesserung der Räumlichkeiten. In sieben Punkten benannte er die wichtigsten Probleme, wie den Mangel an Dienst- und Sitzungszimmern, an einer Pförtnerloge, den Zustand der Toiletten, die Unbeheizbarkeit der Bibliothek an der Südecke des Vordergebäudes sowie die unzulängliche Unterbringung des Stadtarchivs. „Daß das städtische Archiv nicht in einem feuerfesten gewölbten Raume aufbewahrt wird, ist ein kaum zu ertragender Übelstand."[81] Er beanstandete, dass wegen des Mangels an Dienstzimmern die „Herren Magistratsmitglieder" nicht regelmäßig täglich im Rathaus erscheinen und somit für wichtige Dienstangelegenheiten nicht zu sprechen seien. Den Bürgersaal, den die Stadtverordneten zu ihren Sitzungen benutzten, bezeichnete Hasselbach als äußerst „ungemütlich". Er diente als Durchgang zu den Büros und war nur schwer beheizbar. Deshalb tagte die Stadtverordnetenversammlung im Winter in der Regel im „blauen Saal", der aber zu klein war.[82]

*Rathausarkaden (HBrö)*

*Sitzungssaal der Stadtverordneten im Alten Rathaus (StAM)*

Schon bevor die nun folgenden einschneidenden Umbauten der 1860er Jahre begannen, gab es vereinzelt Veränderungen am Bau. So wurde die Sparkasse im Nordflügel vergrößert und unter diesem eine Tordurchfahrt angelegt. Letztere existierte bis 1900, als im Westflügel eine neue Durchfahrt entstand.[83] 1863 zog man eine Trennwand durch den großen Saal des Westflügels, um vorübergehend einen Raum zu schaffen, der die um 18 Personen verstärkte Stadtverordnetenversammlung aufnehmen konnte. Seit 1854 gab es unter den Kolonnaden des Rathauses bei den dort stehenden Spritzen eine Nachtfeuerwache, die der Magistrat bald in eine „Permanente Feuerwache" umwandelte. Sie befand sich bis zur Schaffung der Berufsfeuerwehr 1874 unter den Rathaus-Kolonnaden.

Um mit dem schon längst geplanten Erweiterungsbau des Rathauses beginnen zu können, war der Abbruch der beiden einstöckigen Seitengebäude an der Johannisbergstraße und am Johanniskirchhof erforderlich. Diese Holzbaracken in äußerst desolatem Zustand enthielten noch immer Trödelläden sowie Boten- und Kunstdienerwohnungen.[84] Sie verschwanden 1865 und unmittelbar darauf begann endlich der Erweiterungsbau des Rathauses. Die Pläne dafür hatte Stadtbaurat Hermann Grubitz entworfen. Der südliche Giebel des alten Rathausgebäudes an der Johannisbergstraße wurde abgebrochen und zwecks Verbreiterung dieser Straße etwas zurückgesetzt. Es entstand zudem ein Rathaus-Südflügel, in dessen 2. Geschoss die Dienstwohnung für den Oberbürgermeister lag. Karl Gustav Friedrich Hasselbach wohnte hier ab 1867 bis zum Ende seiner Amtszeit. Im Osten wurde zwischen dem Nord - und dem neuen Südflügel zurückgesetzt ebenfalls ein neuer Flügel eingeschoben. Dabei erhöhte man den alten Ratsstubenerker um ein Geschoss und errichtete an der Nordostecke des Südflügels ein ihm nachgebildetes Gegenstück. Der Wiederaufbau des Rathausgiebels sowie der Neubau des südlichen und östlichen Flügels waren bereits 1866 vollendet.[85]
Beim Anbau des Südflügels wurde der Gedanke des Laubenumgangs beibehalten. Die Westkolonnaden verbanden sich an der Johannisbergstraße mit den Südkolonnaden. Das südliche Eck-Risalit wurde als offene Halle freigegeben. Nun

stellte das Erdgeschoss eine Wandelhalle dar, wie „sie sich bei den besten Beispielen italienischer Renaissance kaum großartiger wiederfindet".[86] Für Verwaltungszwecke standen im Erdgeschoss deshalb nur relativ wenig Räume zur Verfügung. Im Laubenumgang des neu erbauten Südflügels wurden ab 1. Oktober 1866 Läden vermietet, so an einen Mützenmacher, eine Putzmacherin (Hutmacherin) und einen Porzellanhändler.
Die seit 1867 vorgenommenen Arbeiten zum Ausbau des Stadtverordneten-Sitzungssaals und des Bürgersaals im Nordflügel waren 1869 beendet. Am 18. September 1869 fand die erste Sitzung der Stadtverordneten in ihrem neu erbauten Saal statt. Voller Stolz verkündete Oberbürgermeister Hasselbach, dass es keine nennenswerten finanziellen Schwierigkeiten bei der Ausführung der Pläne des Stadtbaurates Grubitz gegeben und sich keine Regierungsbehörde „in den Bau gemischt" hätte.[87]

Wie Stadtbaurat Otto Peters 1902 urteilte, ist „der ziemlich radikale Umbau der 60er Jahre" nach seiner Meinung so schonend als möglich mit dem im Wesentlichen aus dem 13. Jahrhundert stammenden Nordanbau umgegangen. Er erkannte insbesondere an, dass „aus dem vorhandenen Nordflügel mit seinem Erker sogar ein Hauptmotiv für den modernen Erweiterungsbau nach der Johannisbergstraße entnommen ist".[88] Während den nördlichen Erker aus der Mitte des 17. Jahrhunderts die Wappen der damaligen „kleinen Könige des Rats" zierten, schmückten den 1866 erbauten südlichen Erker Medaillonköpfe des Großen Kurfürsten, Friedrichs II., Friedrich Wilhelms IV. und Wilhelms I.[89] 1868/69 erhielt das Rathaus eine Balustrade.

Die Umbauten in der Mitte der 60er Jahre verfolgten nicht nur den Zweck, mehr und modernere Räume für die Verwaltung zu schaffen, sondern den Publikumsverkehr zu den einzelnen Dienststellen vor allem über den neuen Zugang vom Johanniskirchhof aus zu leiten, weil sie von dort aus besser zu erreichen waren. Im Erdgeschoss des Rathauses in den links vom Eingang am Johanniskirchhof gelegenen Räumen öffnete 1874 das erste Standesamt in Magdeburg seine Pforten. Man versäumte nicht, die Außenanlagen zu gestalten. Der Platz östlich des Rathauses wurde gepflastert und nach Plänen von Garteninspektor Paul Niemeyer mit Pflanzen versehen.[90]

Weil die im Rathaus vorhandenen Räume trotz der Anbauten nicht ausreichten, kaufte der Magistrat 1875 das benachbarte Haus Spiegelbrücke 1. Wenige Jahre später erwarb er die Grundstücke Spiegelbrücke 2 und Johanniskirchhof 4. Die Verwaltung wuchs durch die Einführung der Klassensteuer und nicht zuletzt durch die Eingemeindungen von Neustadt und Buckau 1886/87 stetig an. Zeitweise dachte der Magistrat sogar daran, den Westflügel des Alten Rathauses um ein Geschoss zu erhöhen und einen Turm an der Nordwestecke zu errichten.[91]
Im Jahre 1889 begannen die Arbeiten für den Neubau eines

Geschäftshauses neben dem Rathaus zwischen Spiegelbrücke und Johanniskirchhof. Am 15. Oktober 1891 war das gegenüber der Ostfront des Rathauses gelegene neue Dienstgebäude fertiggestellt. Seine Hauptseite lag nach Westen an der neuen Verbindungsstraße zwischen Jakobstraße bzw. Spiegelbrücke und Johanniskirchhof. In dem Gebäude waren die Sparkasse, die Steuerverwaltung, die Stadtbibliothek, die Armen-Direktion und Bauverwaltung untergebracht.[92]

Zur gleichen Zeit, als das neue Geschäftshaus errichtet wurde, fanden im alten Nordflügel ausgedehnte Umbauarbeiten statt, die das mittelalterliche Baugefüge „kaum entwirrbar verdunkelt" haben.[93] In den Lichthof des 17. Jahrhunderts legte man ein von Osten zugängliches Treppen-

*Altes Rathaus von Südosten, 1887 (StAM)*

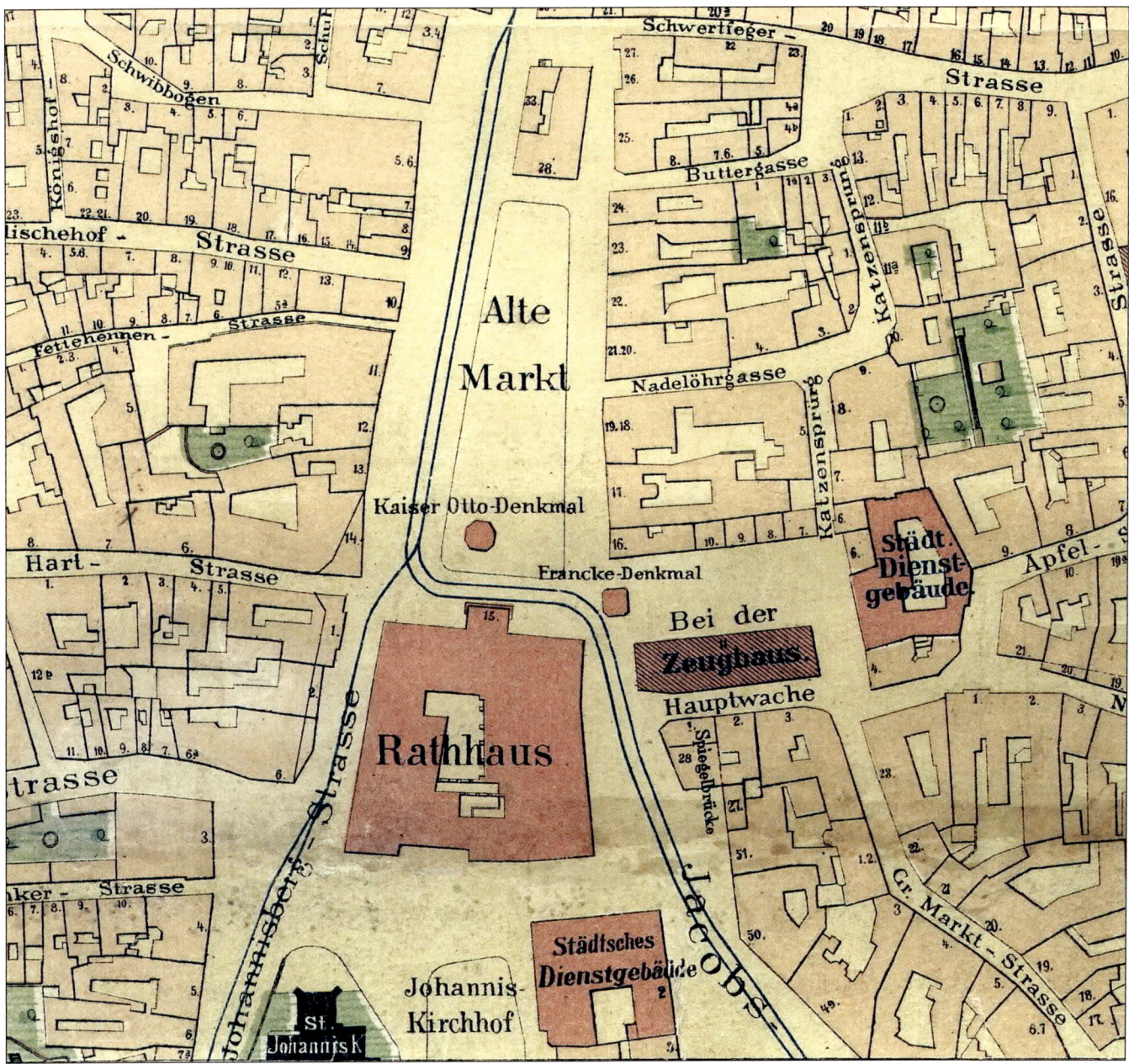

*Ausschnitt aus Kretschmann's großem Plan der Stadt Magdeburg, vor 1895 (StAM)*

35

haus und dahinter die Zentralheizung. Darüber wurde der Sitzungssaal der Stadtverordneten neu eingerichtet. Der Stadtverordneten-Sitzungssaal lag östlich des Bürgersaales, der mehr als die Hälfte des mittleren Traktes des Nordflügels einnahm. Der bis dahin nur mit Deckenlicht beleuchtete Saal für die Stadtverordneten erhielt durch große Fensteröffnun-gen im Osten direkte Licht- und Luftzufuhr. Diese Maßnahme war durch den Abbruch des an die nordöstliche Front des Rathauses gelehnten Hauses Spiegelbrücke 1 mit dem ehemaligen „Bürgergehorsam"[94] möglich geworden. So konnten gewaltige, allerdings „völlig disproportionierte Fenster" geschaffen werden.[95]

*Gebäude Spiegelbrücke 1 vor dem Abbruch, 1887 (StAM)*

Während die Arbeiten im Obergeschoss des Nordflügels den Prunk des Stadtverordneten-Sitzungssaales im Stil der Gründerzeit vervollkommneten, wurde das Erdgeschoss des Nordflügels zu einem tunnelförmigen Kohlenlagerraum degradiert. Mit Einbauten und Abschlägen zugunsten der Ratskellerwirtschaft war es „heillos zerstückelt".[96]

Die Innenausgestaltung des Bürgersaales kündete von der Loyalität gegenüber dem Kaiserhaus. Am 5. Dezember 1889 fand im Rathaus die feierliche Enthüllung des im Auftrag der Stadt gemalten Ölbildes Kaiser Friedrichs III. statt. Ein von dem Maler Seemann in Berlin angefertigtes Gemälde Kaiser Wilhelms I. hing bereits seit 2. Januar 1885 im Bürgersaal.[97] Nach einer von Dr. Max Dittmar Ende der 1880er Jahre angefertigten Liste der Gemälde im Rathaus befanden sich im Bürgersaal auch die Bildnisse der anderen bisherigen Herrscher aus dem Hause Hohenzollern. Das von dem Maler Friedrich Reichert geschaffene Porträt

*Südliche Wandfläche des Bürgersaals, 1933 (StAM)*

Otto von Guerickes, das die Stadt 1869 geschenkt bekommen und im restaurierten Bürgersaal hat aufhängen lassen, war nach Dittmars Aufstellung 20 Jahre später dort nicht mehr zu sehen. Er erwähnt ein Porträt Guerickes zusammen mit anderen Ölbildern „ohne großen Kunstwert" im Zwischengeschoss, nennt allerdings die Namen der Maler nicht. Im Stadtverordneten-Sitzungssal, dessen Oberwand Medaillons von Reliefbildnissen preußischer Könige zierten, hingen die Bildnisse der Oberbürgermeister Francke und Hasselbach, des Stadtverordnetenvorstehers Gustav Harte, des Propstes Gotthilf Sebastian Rötger, des Superintendenten Heinrich Rathmann, des Konsistorialrates Johann Friedrich Wilhelm Koch sowie der Bürger-Obristen Aly und Ernst Christoph Helle.[98] Die Bildnisse von Hasselbach und Harte hat der Magdeburger Maler Edmund Wodick im städtischen Auftrag speziell für diesen Saal geschaffen. In einem besonderen Saal des Rathauses, dem so genannten Museumszimmer, konnte die Bevölkerung seit Anfang 1893 eine kunstgewerbliche Sammlung mit Möbeln, Webstoffen, Stickereien, Porzellan, Fayencen, Ledersachen, Gläsern etc. bewundern. Dazu kamen Fliesen aus Konstantinopel, Azulejos (bemalte, ursprünglich blaue Fayenceplatten) aus Spanien sowie bemalte holländische und italienische Fliesen. Für den Ankauf wurde die für damalige Verhältnisse enorme Summe von 40.000 Mark aus der Stiftung des Geheimen Kommerzienrates Hermann Gruson verwendet. Gleichzeitig konnte die „Rudolf Wolf´sche Eisensammlung" besichtigt werden. Sie enthielt künstlerische schmiedeeiserne Arbeiten aus dem 15. bis 18. Jahrhundert. Die Stadt betrachtete die erworbenen Sammlungen als vielversprechenden Anfang eines städtischen Kunstgewerbemuseums.[99]

Der Bürgersaal erhielt 1897 erhebliche innenarchitektonische Veränderungen. Der Magistrat hatte damals den Mangel eines „zur Repräsentation der Stadt bei außerordentlichen Gelegenheiten geeigneten größeren und angemessen ausgestalteten Festraumes peinlich empfunden."[100] Anlass zur Überwindung dieses Zustandes bot der auf Einladung der Stadt bevorstehende Besuch des Kaiserpaares. Durch Schaffung einer Verbindung vom Bürger- zum Stadtverordneten-Sitzungssaal entstand nun ein nach Bedarf zu nutzender gewaltiger repräsentativer Festraum. Die Verbindung zwischen den beiden Sälen geschah mittels dreier Bogenstellungen über den Querkorridor hinweg. Über dem Querkorridor legte man eine rechteckig durchfensterte Galerie an, die als Zuschauertribüne diente und zum Bürgersaal durch Rollläden begrenzt war. Die großen loggienartigen Öffnungen des Verbindungsganges waren unten durch Glaswände zu schließen, die bei Bedarf in ihrer ganzen Ausdehnung gesenkt werden konnten.[101]

Als am 25. August 1897 das Kaiserpaar in Magdeburg weilte – an jenem Tag wurde das Kaiser-Wilhelm-Denkmal auf dem gleichnamigen Platz eingeweiht -, besuchte es auch das Rathaus. Der Stadthistoriker Albert Wolter schreibt dazu: „.... Des Kaisers Aufmerksamkeit nahmen die gemalten Wappen der sächsischen Städte im oberen Teil des Wandschmuckes im Bürgersaal, sowie die Bilder seiner Ahnen seit dem Großen Kurfürsten in Anspruch, er zeigte auch Interesse für die architektonischen Verhältnisse des Rathauses, namentlich für die Verbindung des Bürger- und des Stadtverordnetensaales; in dem letzteren besichtigte er die Bilder Hasselbachs, Böttichers und Listemanns. Darauf verließen unter nochmaligen schmetternden Fanfaren auf demselben Wege, den sie gekommen, die Allerhöchsten Herrschaften den Saal; vom Vestibul aus betraten sie den Balkon des Rathauses und genossen von dort das prächtige Bild, das der Alte Markt bot ..."[102]

Der große hallenartige Saal im Obergeschoss der Westfront war um 1900 längst nicht mehr in dem Zustand, wie er erbaut worden war. Aus Platzgründen hatte man einen Teil abgetrennt und darin die Zentral-Registratur der Magistratsverwaltung untergebracht. Sie nahm noch bis weit in des 20. Jahrhundert hinein zwei große Räume in Anspruch. Der Saal büßte dadurch viel von seinem repräsentativen Charakter ein.

Als gegen Ende des 19. Jahrhunderts die Elektrizität in das Leben der Stadt Einzug hielt, konnte es nur eine Frage der Zeit sein, bis auch das Rathaus im elektrischen Licht erstrahlte. Schon bei der Errichtung des neuen Magistrats-

Dienstgebäudes an der Spiegelbrücke 1891 hatte man in Erwägung gezogen, von der elektrischen Anlage des Stadttheaters aus mittels Akkumulatoren sowohl das Alte Rathaus als auch das neue Dienstgebäude zu beleuchten. Doch die Anlage war technisch noch unvollkommen und die Kosten für die Anschaffung einer größeren Akkumulatorenbatterie sowie der Leitungen vom Theater zum Rathaus wären mit mindestens 50.000 Mark zu hoch gewesen. Da ohnehin die Errichtung eines Elektrizitätswerkes geplant war, wurde das neue Dienstgebäude an der Spiegelbrücke zunächst mit Gasbeleuchtung ausgestattet.[103] Nachdem im Sommer 1896 in Magdeburg das Elektrizitätswerk seinen Betrieb aufgenommen hatte, meldete der Magistrat am 15. September 1896 das Alte Rathaus zum Anschluss an das Leitungsnetz an. Zunächst war die elektrische Beleuchtung des Stadtverordneten-Sitzungssaals mit zwei Kronleuchtern vorgesehen. Die Gasbeleuchtungsanlagen an den Seitenwänden behielt man vorsichtshalber vorerst bei, falls die Stromversorgung versagen sollte. Zwei Jahre später erhielten das Dienstzimmer des Oberbürgermeisters, die Dienstzimmer mehrerer Stadträte, der westliche Treppenaufgang sowie die Dienstwohnung des Oberbürgermeisters Elektrizität, 1914 auch das Magistrats-Sitzungszimmer.[104] Auf historischen Fotos ist östlich des Alten Rathauses eine Trafostation zu sehen.

Die Wende zum 20. Jahrhundert und die folgenden Jahre waren durch fortwährende Um- und Ausbauten bzw. Modernisierungen gekennzeichnet. Der Westflügel zum Beispiel erhielt 1900 im hinteren Arkadengang Wirtschaftsräume für den Ratskeller. Die Räumlichkeiten dienten ehemals als Pferdestall, Kutschergelass und Futterboden. Westlich des Bischofssaales wurden 1906 zur Anlage von Toiletten Räume ausgeschachtet und neu angelegt. Im südlichen Bereich gab es eine neue Durchfahrt vom Alten Markt zum Rathaushof. Die bisherige Zufahrt durch den Nordflügel diente jetzt Bürozwecken. Im Südflügel kam es bei Einrichtung der Druckerei zu Veränderungen an der Hofseite. 1907 ließ die Stadt gemeinsam mit der damaligen Pächterin des Ratskellers, der Weingroßhandlung Sanner & Lange Nachfolger, die traditionsreiche Gaststätte umfassend erneuern.

So wurde zum Beispiel ihr Eingangsbereich verändert. Daneben lud eine Sommergaststätte zum Verweilen ein. Die vergrößerte Küche des Ratskellers erhielt die „verschiedensten ökonomischen Errungenschaften der Neuzeit". Am 17. August 1907 fand die Wiedereröffnung statt. Die geplante künstlerische Ausgestaltung des Ratskellers mit Wandbildern war zu diesem Zeitpunkt noch nicht vollzogen. Die Stadtverordneten setzten einen gemischten Ausschuss ein, der darüber zu befinden hatte. Die bis 1914 nach und nach angefertigten Wandgemälde existieren heute nur noch als Fotos. Sie erzählten aus der langen Geschichte Magdeburgs. Unter ihnen befand sich zum Beispiel ein Gemälde von Prof. Adolf Rettelbusch aus dem Jahre 1908, das den Alten Markt zur Zeit Otto von Guerickes zeigte. Es waren aber auch noch andere Künstler in die Ausgestaltung des Ratskellers involviert, wie Wilhelm Giese, Wilhelm Römer, Ernst Hoffmann, Theodor Plessen (alle Magdeburg), Franz Riess (Dessau) und der in München lebende geborene Magdeburger Maler Kurt Peters. Letzterer schuf das Gemälde „Einzug des Generals Tauentzien in Magdeburg am 24. Mai 1814", Wilhelm Giese u. a. das Bild „Blick von der Zitadelle auf die Strombrücke".[105]

*Gemälde im Ratskeller, vor 1945 (StAM)*

Die laufenden Verlegungen von Büroräumen, das Einziehen von Zwischendecken und Querwänden, Türdurchbrüchen usw. verdeutlichen die Platznot, unter der die Verwaltung permanent zu leiden hatte. Auch der Bau des neuen Geschäftshauses am Platz Bei der Hauptwache in den Jahren 1905 bis 1907 konnte die Situation lediglich etwas entschärfen. 1911/12 kaufte die Stadt deshalb zwecks Erweiterung des Geschäftshauses Spiegelbrücke 1/2 die Grundstücke Johanniskirchhof 3c und Spiegelbrücke 4 an. Kurz vor dem 1. Weltkrieg wurden weitere erhebliche Veränderungen in Aussicht genommen, aber nicht realisiert. So gab es einen Entwurf zur Einrichtung eines 286 m² großen Stadtverordneten-Sitzungssaales – der bisherige umfasste lediglich 150 m² - im südlichen Flügel des Rathauses, einen Entwurf zum Neubau eines Geschäftshauses am Johanniskirchhof und zum Umbau des Alten Rathauses.[106]

Obwohl während des Krieges keine größeren Baumaßnahmen möglich waren, ließ der Magistrat auf Antrag des Vereins Magdeburger Presse vom 20. November 1916 die Zahl der Berichterstatterplätze auf der Pressetribüne des Stadtverordneten-Sitzungssaals von sechs auf zehn erhöhen. Die führenden Magdeburger Blätter ließen sich bei wichtigen Beratungen jeweils durch zwei Mitarbeiter vertreten, einen Stenographen und einen kommunalpolitischen Redakteur. Da es in Magdeburg zu dieser Zeit sieben Tageszeitungen und drei Wochenblätter gab, reichten die vorhandenen sechs Schreibplätze längst nicht mehr aus.[107]

Die Räume des Rathauses, insbesondere der Bürgersaal, wurden indes auch eifrig von den verschiedensten Vereinen für Veranstaltungen genutzt. Zur Orientierung für die Besucher des Rathauses dienten so genannte „stumme Portiers". Die Bewachung des Hauses am Tage außerhalb der Bürozeiten oblag hauptsächlich dem Kastellan, der im Rathaus auch seine Wohnung hatte. Während der Nacht kontrollierten „ständige Wächter" das Gebäude. Gegen Ende des 1. Weltkrieges waren im Rathaus wie in anderen Gebäuden u. a. die mit der Kohlen- und Gasknappheit einhergehenden Auswirkungen deutlich zu spüren. Wegen der anhaltenden Gassperre blieb es zum Beispiel in der städtischen Buchbinderei und Buchdruckerei im Alten Rathaus während der Wintermonate so dunkel, dass dort zeitweise nicht gearbeitet werden konnte. Erst Anfang 1919 erhielten diese Räume elektrisches Licht.

### Aufbruch - Das Alte Rathaus in der Weimarer Republik

Mit dem Niedergang des Kaiserreiches und der Schaffung einer bürgerlich-parlamentarischen Republik änderten sich die politischen Verhältnisse im Magdeburger Rathaus. Bei den Wahlen zur Stadtverordnetenversammlung im März 1919 konnten die Sozialdemokraten die absolute Mehrheit erzielen. Aus ihren Reihen kam auch der neue Oberbürgermeister Hermann Beims, der, wie sein Amtsvorgänger Hermann Reimarus, nicht mehr im Rathaus wohnte.

Die Porträts der Herrscher aus dem Hause Hohenzollern, die den Bürgersaal des Rathauses schmückten, widersprachen dem neuen Zeitgeist. Der Magistrat ließ sie im Sommer 1919 abhängen und übergab sie dem Kaiser-Friedrich-Museum „zu gelegentlicher Verwendung". Dessen Direktor Prof. Theodor Volbehr schlug in einem Schreiben an Oberbürgermeister Hermann Beims vom 20. August 1919 vor, den Bürgersaal „als das zu behandeln, was er sein soll: der Repräsentationsraum der städt. Selbstverwaltung, der Stadtgemeinde." Da es an Mitteln fehlte, „diesen Gedanken in der Dekoration der Wände zeitgemäß zum Ausdruck zu bringen, daß ein Vergleich mit den Bürgersälen der freien Städte des Mittelalters oder mit denen der niederländischen Republik des 17. Jahrhunderts möglich wäre", empfahl Volbehr, die durch die Übergabe der Repräsentations-Porträts an das Museum entstandenen leeren Wandflächen und die allzu groß gemusterten Flächen dazwischen „einfach und würdig – am besten durch Kräfte der hiesigen Kunstschule – mit einem neuen Muster zu versehen. Die Kosten können nur bescheiden sein."[108]

Die Entfernung der Hohenzollernbilder aus dem Rathaus löste in der Presse einigen Wirbel aus. Der Magdeburger General-Anzeiger warf dem Magistrat am 28. August 1919 „Mangel an historischem Sinn" vor, habe die Stadt dem preußischen Königshaus doch viel zu verdanken. Die einen Tag später erschienene Ausgabe bedauerte die „Heimlichkeit des Vorgehens" und die Schnelligkeit der Ausführung des Magistratsbeschlusses. Die Magdeburgische Zeitung schrieb indes am 29. August 1919, dass weder von Bildersturm noch von Bilderfurcht die Rede sein könne; in dem dunklen Bürgersaal habe selten jemand die Gemälde gesehen, während sie im Museum Tausende betrachten könn-

ten. „Natürlich wissen wir andererseits durchaus, daß die treibenden Gründe zur Umgruppierung der Bilder politischer Natur sind. Die verantwortlichen Stellen sollten das auch ruhig aussprechen", setzte der Verfasser des Artikels nach. Um jene Zeit, spätestens seit Anfang 1920, wurde der Zugang zum Rathaus vom Alten Markt aus verschlossen ge-

*Ostseite des Alten Rathauses (StAM)*

halten. Trotz vieler Beschwerden lief danach der gesamte Publikumsverkehr durch die „Hintertür" am Johanniskirchhof. Lediglich ab 5. August 1921 war der Haupteingang noch einmal geöffnet, bis der Magistrat im Juli 1922 beschloss, ihn dauernd zu schließen. Vom hinteren Eingang aus waren die Verwaltungsräume innerhalb des Rathauses besser zu erreichen.

Größere bauliche Veränderungen nach dem Krieg fanden erst in der ersten Hälfte des Jahres 1922 statt, als der Laubengang des Südflügels durchgehend bis zur Ostseite verlängert wurde. Die Kolonnaden wurden soweit durchgebrochen, dass sie nun wirklich dem Fußgängerverkehr dienten. Dieser war infolge des schmalen Bürgersteiges an der Südfront bis dahin nur eingeschränkt möglich gewesen. In den Erdgeschoss-Arkaden fanden acht neue Läden Platz. Die öffentliche Toilette, die sich seit Ende 1908 an der Südwestecke des Gebäudes befand, wurde in diesem Zusammenhang 1922 entfernt.[109]

Auf die Ausschreibung des Hochbauamtes zur Vermietung der Läden meldeten sich 1922 viele Geschäftsleute, die dort Zigarren, Süßwaren, Delikatessen, Konfitüren, Spirituosen, Wurstwaren, Damenhüte, Schuhe, Wäsche, Kurzwaren, Seifen etc. verkaufen wollten. Ein Geschäftsmann, der von der Stadt bereits einen Zuschlag erhalten hatte, zog seine Bewerbung zurück, weil Stadtbaurat Bruno Taut das Anbringen von Werbetafeln an den Rathauspfeilern untersagte.[110]

Mit Bruno Taut war 1921 ein Architekt nach Magdeburg gekommen, der ganz im Sinne von Oberbürgermeister Hermann Beims neue Akzente in der Architektur setzen sollte. Eines der wichtigsten Ziele Tauts bestand darin, ein farbig gestaltetes Stadtbild in Magdeburg durchzusetzen.[111] Gleich zu Beginn seiner Tätigkeit forderte er von den Stadtverordneten 30.000 Mark für die „Auffrischung des Rathauses".[112] Das Rathaus hatte keinesfalls nur einen inneren und äußeren Farbanstrich nötig, sondern bedurfte dringender Reparaturen, die während der Kriegsjahre nicht vorgenommen werden konnten. Dadurch waren Schäden entstanden, die infolge mürbe gewordener Architekturteile die Sicherheit der Passanten bedenklich gefährdeten. So mussten dringend die kleinen Giebelaufbauten zum Johanniskirchhof abgenommen und erneuert werden, da sie sich nach der Straße zu überneigten.[113]

Während die Kosten für die bauliche Instandsetzung allein die Stadt zu tragen hatte, konnten die Mittel für den neuen Farbanstrich des Rathauses im Jahre 1922 hauptsächlich durch Stiftungen von Bürgern gewonnen werden. Bis März 1922 kamen 120.000 Mark zusammen.[114]

Den Entwurf für den neuen Farbanstrich des Rathauses lieferte Karl Völker aus Halle/Saale im Auftrag des Provinzialkonservators Max Ohle. Stadtbaurat Bruno Taut oblag die Auswahl der Vorstudien, nach denen Karl Völker die endgültige Fassung anfertigte. Der Entwurf Völkers wurde im März 1922 im Bürgersaal ausgestellt. Der Magistrat hatte am 7. Februar 1922 beschlossen, sowohl die Instandsetzungsarbeiten an den Außenfronten des Rathauses als auch den Außenanstrich nach dem Entwurf von Karl Völker sofort nach Eintritt günstiger Witterung vorzunehmen. Der Magistrat gab dabei auch seine grundsätzliche Zustimmung, dass der Magdeburger Reiter nach den Vorschlägen des Provinzialkonservators Ohle „in den ursprünglichen Zustand durch Entfernung der Umfriedung pp. zurückversetzt und bemalt wird".[115] Die Arbeiten sollten bis zur Eröffnung der Mitteldeutschen Ausstellung für Siedlung, Sozialfürsorge und Arbeit (MIAMA) fertig sein.

Ab Frühsommer 1922 konnte das Rathaus im farbigen Gewand bewundert werden. Vereinzelt regten sich Unverständnis und Proteste gegen den Anstrich, im Allgemeinen aber fand er Zustimmung.[116] Während die „Deutsche Bauhütte" den Anstrich als „revolutionäre Reklamemarke" bezeichnete, gab die Magdeburgische Zeitung am 25. Juni 1922 eine genaue Beschreibung der Bemalung. Der Redakteur beurteilte sie als „Leistung von vorbildlicher Schönheit" und sagte voraus: „Mit vielen, denen die Augen aufgegangen sind, werden die Fremden, die demnächst nach Magdeburg strömen sollen, bewundernd vor dem Gebäude stehen, das erst jetzt in seiner ganzen Formenschönheit aus Staub und Asche zum Leben erstanden ist. Denn das Magdeburger Rathaus ist schön..." Die Bemalung erst lasse die Konstruktionsteile, die feinen Ornamente und wertvollen figürlichen Vollplastiken,

*Schreiben des Inhabers der Rathaus-Destillerie, Hans Osther, an die Hochbauverwaltung der Stadt Magdeburg vom 14. Oktober 1931 (StAM)*

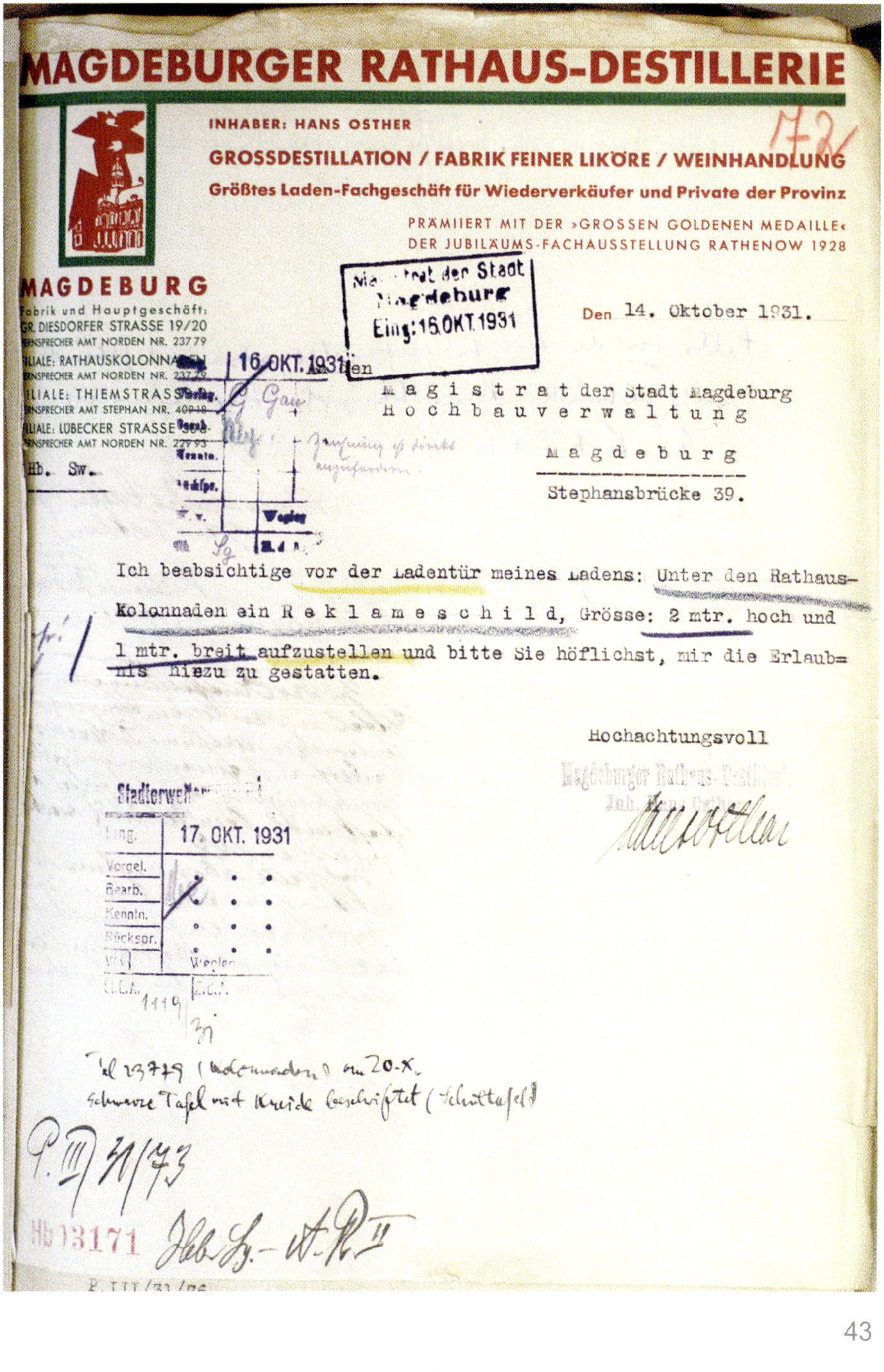

*Teil des Briefkopfes (StAM)*

# MAGDEBURGER RATHAUS-DESTILLERIE

INHABER: HANS OSTHER

## GROSSDESTILLATION / FABRIK FEINER LIKÖRE / WEINHANDLUNG

Größtes Laden-Fachgeschäft für Wiederverkäufer und Private der Provinz

PRÄMIIERT MIT DER ›GROSSEN GOLDENEN MEDAILLE‹
DER JUBILÄUMS-FACHAUSSTELLUNG RATHENOW 1928

**MAGDEBURG**
Fabrik und Hauptgeschäft:
GR. DIESDORFER STRASSE 19/20
FERNSPRECHER AMT NORDEN NR. 237 79
FILIALE: RATHAUSKOLONNADEN
FERNSPRECHER AMT NORDEN NR. 237 79
FILIALE: THIEMSTRASSE
FERNSPRECHER AMT STEPHAN NR. 409 18
FILIALE: LÜBECKER STRASSE
FERNSPRECHER AMT NORDEN NR. 229 93

Den 14. Oktober 1931.

Magistrat der Stadt Magdeburg
Hochbauverwaltung

Magdeburg

Stephansbrücke 39.

Ich beabsichtige vor der Ladentür meines Ladens: Unter den Rathaus-Kolonnaden ein R e k l a m e s c h i l d , Grösse: 2 mtr. hoch und 1 mtr. breit aufzustellen und bitte Sie höflichst, mir die Erlaubnis hiezu zu gestatten.

Hochachtungsvoll

Magdeburger Rathaus-Destillerie
Inh. Hans Osther

17. OKT. 1931

die dunkelgelb angestrichen waren, richtig zur Geltung kommen. Denn wer habe, so die Zeitung, zuvor schon die prächtigen Köpfe, wie den vortrefflich modellierten „Alten", den „Jüngling", den „Mann" oder die Putten im Fries, das feine Rankenwerk der Kapitelle bewundert? „Das alles hat nun erst die Bemalung belebt und unterstrichen... Man hat das Gebäude bewußt auf die alten Stadtfarben Rot-Weiß gestellt, wobei das Rot so gewählt wurde, daß es über kurz oder lang, wenn erfahrungsgemäß eine Verblassung der Farben eingetreten ist, den Charakter des roten Mainsandsteines annehmen wird. Das Gelb der Zierate wird dann – man muß überhaupt die Veränderungen durch Sonne und Witterung bei der Betrachtung in Rücksicht ziehen - in der Art alter Vergoldungen leuchten. Hie und da sind schwarze Bänder eingezogen worden, damit die Farben nicht zu hart aufeinanderstehen." Sparsam wurde auch blaue Farbe verwendet, die die Beziehung zum Reiter herstellte. Das Reiterstandbild vor dem Rathaus war abgestimmt auf dessen Bemalung nach den Vorgaben von Karl Völker mit einer Polimentvergoldung und einer Fassung in den Farben Weiß und Blau versehen. Die neogotische Einfriedung des Reiters von 1889 war entfernt worden.

Die Schaubilder an der Nord- und Südseite des Rathauses setzten das Motiv der Hauptansicht fort. An der Ostseite aber ist, „um die Gefahr der Eintönigkeit zu vermeiden, mit frischem Mut eine ganz abweichende Farbenzusammenstellung gewählt worden. Der Mittelbau steht flankiert von den Tönen der anderen Seiten im Grün-Rot der neuen Stadtfarben und symbolisiert so am neuen Eingang die neue Zeit. Die Erker aber sind auf Blau und Gelb gestellt, dem ganz wenig Rot und Grün gesellt wurde. Wie hierdurch das zierliche Rankenwerk der Ornamente anschaulich gemacht worden ist, erlebt man mit tiefem Erstaunen. So ist zwar die Johanniskirchenseite des Rathauses ein prunkender Sommerblütentraum geworden. Aber auch diese Farben werden ´zusammengehen´, und bald wird man über die Schönheit auch dieser Seite wohl nur noch Worte des Lobes hören. In den Laubengängen hat man die Gedanken der Treppenhausbemalung wieder aufgegriffen, und im lustigen Wechselspiel alle erdenklichen Farben an Pfeilern und Gewölben versucht. Das steht ganz prächtig in den Durchblicken und im Spiel von Licht und Schatten. Und der neue Durchbruch, bald nun vollendet, lanciert dies sehenswerte Bild an sonst unschöner Stelle."[117]

Der Magdeburger General-Anzeiger dagegen beurteilte den Rathausanstrich in seiner Ausgabe vom 14. Mai 1922 fragwürdig: „Die ganze Farbenskala ist hier vereinigt ... Hat es der alte Kasten, der schon so manchem Sturm getrotzt hat, wirklich so dringend nötig gehabt, seine alte Tradition abzulegen und sich mit Schmuck zu behängen, dessen Unechtheit schon dem ABC-Schützen auffällt?" Anders wertet der Redakteur Ewald Szewczyk 1927 das Antlitz des Rathauses: „Auch in seinem bunten Kleide hat es nichts von seinem monumentalen Aussehen verloren; im Gegenteil, die malerische Gesamtwirkung der architektonischen Formensprache des Gebäudes in seiner edlen Gliederung hat dadurch unzweifelhaft noch gewonnen." 1927 wurde der Anstrich des Rathauses von 1922 erneuert.[118]

Die Moderne hatte nicht vor dem Inneren des Rathauses Halt gemacht. Nach dem Entwurf von Tauts langjährigem Weggefährten Carl Krayl entstand bereits im Sommer 1921 eine abstrakte Wanddekoration mit Halbkreisformen, diago-

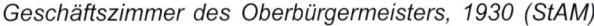

*Geschäftszimmer des Oberbürgermeisters, 1930 (StAM)*

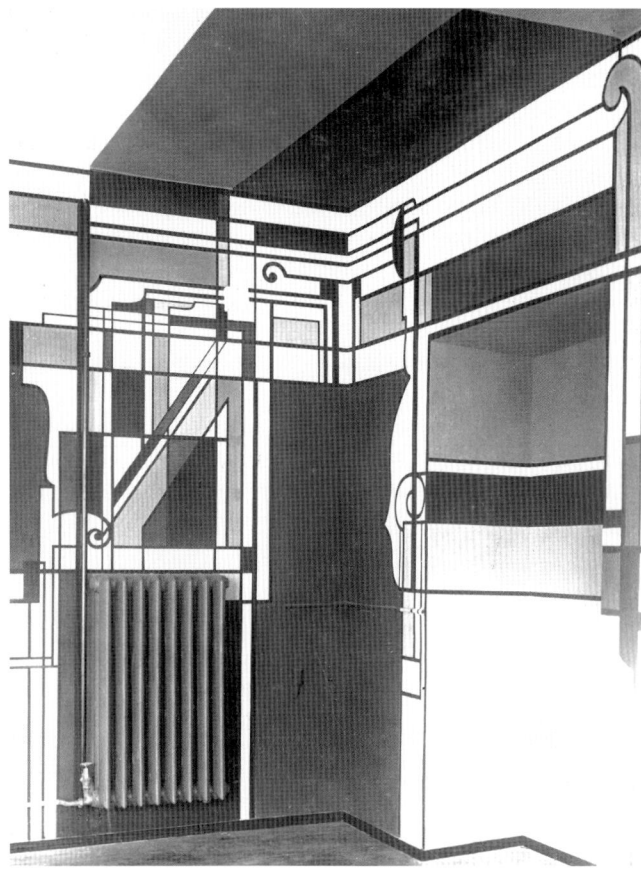

*Altes Rathaus, Erdgeschoss, Ladeneinbau, Wandgestaltung nach einem Entwurf von Carl Krayl, 1922 (StAM)*

nalen Verstrebungen und schwungvoll geführten Konturlinien. Die Ausmalung der Gewölbe- und Stichkappen im Treppenhaus und im Ratskeller hingegen geschah nach Entwürfen von Franz Mutzenbecher, Berlin, und konzentrierte sich lediglich auf die einfarbige Neufassung der architektonischen Elemente.[119] Von Franz Mutzenbecher stammte auch der Entwurf zur Ausmalung des gotischen Sitzungszimmers.

In der Mitte der 20er Jahre war in den Magdeburger Rathäusern nur ein Bruchteil der städtischen Dienststellen unter-

gebracht. Viele befanden sich in von der Stadt aus Privatbesitz angekauften oder teuer angemieteten Häusern, die aber für Verwaltungszwecke völlig ungeeignet waren. Der schon vor dem 1. Weltkrieg gefasste Plan, ein neues Rathaus zu errichten, kam nach dem Krieg erneut zur Diskussion. Hermann Beims hielt 1923 angesichts fehlender finanzieller Mittel einen Rathausbau in den nächsten Jahren allerdings für unmöglich. Er lehnte zudem den schon vor dem 1. Weltkrieg ins Auge gefassten Neubau am Johanniskirchhof ab. Bald kamen das Zitadellengelände auf dem Werder und das Gelände der Kaserne Mark am Hohepfortewall als Standort für ein neues Rathaus ins Gespräch. Unverzüglich nach dem Erwerb der Zitadelle durch den Magistrat im Jahre 1927 begannen die Abbrucharbeiten, um dort Baufreiheit für ein Rathaus, ein Volkshaus und ein Planetarium zu erhalten. Die Weltwirtschaftskrise verhinderte die Ausführung des Vorhabens.

In die Zeit der Krise fiel der 300. Jahrestag der Zerstörung Magdeburgs. Anlässlich dieses Gedenktages legte die Stadt u. a. ein „Goldenes Buch" an. Als erster Gast trug sich am 20. November 1932 Gerhart Hauptmann ein.[120]

### Im Zeichen des braunen Terrors

Am 11. März 1933 – nur wenige Wochen nach der Machtübernahme durch die Nationalsozialisten und einen Tag vor der Kommunalwahl - spielte sich im Alten Rathaus in Magdeburg ein unerhörter Vorfall ab. Der sozialdemokratische Oberbürgermeister Ernst Reuter und Bürgermeister Herbert Goldschmidt wurden mit Gewalt aus dem Rathaus gezerrt. Draußen gröhlten Nazis der Stadt in Sprechchören „Reuter raus!". Die Magdeburgische Zeitung schilderte den Vorfall wie folgt: „... Etwa um die Mittagsstunde erschienen fünf SA.-Leute im Vorzimmer des Büros des Oberbürgermeisters und drangen in das Dienstzimmer ein. Der Wortführer forderte den Oberbürgermeister auf, sich der SA. anzuschließen, da sie ihn in Schutzhaft nehmen müsse. Der Oberbürgermeister machte sie auf das Ungesetzliche ihres Vorgehens aufmerksam, doch ließen die SA.-Leute den Einwand unberücksichtigt. Sie nahmen Oberbürgermeister Reuter in ihre Mitte und führten ihn die Treppe hinunter zum

Eingang des Rathauses nach dem Johanniskirchhof. Zu derselben Zeit erschien ein anderer SA.-Trupp im Magistrats-konferenzzimmer, wo der Personalausschuß tagte. Magistratsrat Bucksch machte die SA.-Abordnung darauf aufmerksam, dass sie Hausfriedensbruch begehe, da sie kein Recht besitze, in die Verwaltungsräume des Rathauses einzudringen. Auch hier blieb der Einwand ohne Erfolg. Die SA.-Leute nahmen Bürgermeister Goldschmidt in ihre Mitte und führten ihn ebenfalls die Treppe hinunter. Inzwischen war draußen vor dem Eingang des Rathauses ein Zug der SA. in Stärke von etwa 50 Mann mit Musik aufmarschiert, nahm vor dem Rathaus Aufstellung und sperrte sämtliche Zugänge ab..."[121] Ein hinzukommender höherer Polizeioffizier bewahrte Ernst Reuter vor weiteren Übergriffen und Demütigungen. Während Reuter in Begleitung des Polizeimajors Beyer zum Polizeipräsidium fuhr, wurde der jüdische Bürgermeister Herbert Goldschmidt von der SA genötigt, „an der Spitze ihres Zuges durch die Straßen der Stadt, ohne Mantel und ohne Hut, zu marschieren. Der Aufzug erregte in den Straßen großes Aufsehen."[122] Unter Anwendung von Gewalt und schweren Demütigungen musste Goldschmidt sich, wie Ernst Reuter noch am gleichen Tag an den Reichspräsidenten und Ehrenbürger der Stadt Magdeburg, Paul von Hindenburg, telegrafierte, einem großen SA-Trupp zeigen, die Hakenkreuzfahne grüßen und an der gewaltsamen Besetzung des Verwaltungsgebäudes des Reichsbanners persönlich teilnehmen.[123] Den „beurlaubten" Oberbürgermeister Reuter nahm ein Magistratskollege vorübergehend in seiner Wohnung auf und schützte ihn so vor einem nochmaligen Zugriffsversuch der SA an diesem Tag. Es gelang Reuter jedoch nur noch kurze Zeit, in Freiheit zu bleiben. Am 9. Juni 1933 wurde er ohne Haftbefehl in „Schutzhaft" genommen, im August offiziell entlassen. Schutzhaft gab es auch schon vor 1933, doch wurde sie nach der Errichtung der NS-Diktatur zu einem bevorzugten Instrument bei der Ausschaltung politischer Gegner und anderer „unerwünschter" Personen. Ihre zeitliche Befristung war nach der Reichstagsbrandverordnung vom 28. Februar 1933 aufgehoben worden, Rechtsbehelfe dagegen gab es nicht mehr. Schutzhäftlinge, anfangs in Strafanstalten untergebracht, kamen bald in Konzentrationslager. Ernst Reuter erlitt wiederholte KZ-Haft, bevor er 1935 ins Exil gehen konnte. Herbert Goldschmidt wurde 1943 im Konzentrationslager Riga ermordet.

Nur kurze Zeit nach dem skandalösen Vorfall vom 11. März 1933 besetzten SA und SS am Abend des 21. März erneut widerrechtlich das Rathaus. Mit dieser Aktion wollten sie Druck auf die laufenden Verhandlungen über die kommissarische Neubesetzung des Oberbürgermeisterpostens ausüben. Sie riefen den Führer der Standarte 26, Max Schulze, zum kommissarischen Oberbürgermeister der Stadt Magdeburg aus. Vom Balkon des Alten Rathauses aus wohnte der Standartenführer dem Vorbeimarsch der Nazis bei. Wie er der Presse mitteilte, wollten SA und SS mit der Besetzung des Rathauses demonstrativ zum Ausdruck bringen, „daß der Nationalsozialismus auch in Magdeburg als stärkste deutsche Volksbewegung maßgebenden Einfluß auf die Leitung der Stadtverwaltung verlangt."[124] Die preußische Staatsregierung entschied sich im Einvernehmen mit der NSDAP für Dr. Fritz Markmann, NSDAP, der seine Amtsgeschäfte als Oberbürgermeister zunächst kommissarisch am 25. März 1933 antrat.

Mit der nationalsozialistischen Herrschaft war ein anderer, unheilvoller Geist in das Rathaus eingezogen. Die Propagandamaschinerie ließ im Neuen Magdeburger Tageblatt bildlich ein großes Hakenkreuz über Rathaus und Johanniskirche aufgehen.[125] Bestehende verfassungsrechtliche Bestimmungen wurden bald durch Verordnungen der faschistischen Regierung außer Kraft gesetzt. Die Stadtverordnetenversammlung, von den neuen Machthabern als „parlamentarischer Unfug" bezeichnet, wurde Ende 1933 aufgelöst und durch so genannte Ratsherrensitzungen ersetzt. Das Ratsherrenkollegium hatte lediglich eine beratende Funktion. Der Magistrat hieß nun „Der Oberbürgermeister der Stadt Magdeburg" und arbeitete auf der Grundlage der deutschen Gemeindeordnung von 1933 bzw. 1935. Alle entscheidenden Positionen nahmen Nazis ein.

Die Erinnerung an die Zeit der Weimarer Republik, des Neuen Bauens in Magdeburg, der farbigen Stadt, sollte möglichst schnell ausgelöscht werden. Der farbige Anstrich des Rathauses aus der Zeit der Weimarer Republik, ein Relikt der „roten Stadt", war den Nazis suspekt. Am 28. Mai 1934

*Altes Rathaus mit städtischem Dienstgebäude Spiegelbrücke 1/2 (links) und Johanniskirche, Ansicht von Nordwesten (StAM)*

*Bombenschaden am Alten Rathaus nach dem Angriff vom 28. September 1944 (StAM)*

*Fliesensaal 1939 (heutige Ratsdiele) (StAM)*

*Fliesensaal nach dem Bombenschaden vom September 1944 (StAM)*

begannen die Vorarbeiten zu einem neuen Anstrich des Rathauses. In der Magdeburgischen Zeitung ist dazu einen Tag später zu lesen: „Und dann begann kurz nach 7 Uhr ein Angriff auf die Fassade, die mit ihren ineinander verschwommenen bunten Farben ja schon lange ein Stein des Anstoßes war ... Dann werden die Maler auf der Bildfläche erscheinen und das Leitergerüst bevölkern. Sie werden unserem Rathaus, nachdem die Fassaden abgewaschen und so die Farbenreste, Dokumente einer vergangenen, nicht

*Ansicht des beschädigten Alten Rathauses von der Johannisbergstraße aus. Aufnahme vom 29. September 1944 (StAM)*

ganz rühmlichen Zeit entfernt sind, einen neuen Anstrich geben."

Aus dem Jahr 1936/37 datieren Pläne zum Treppenhausumbau im Westflügel sowie zum Umbau des Ratskellers und der Ratsdiele. Verschiedene Umbaumaßnahmen bzw. Erneuerungen fanden 1937 und 1938 statt. Das hohe flachbogige Portal an der Westseite wurde neu gefasst, der Hauptaufgang neu gestaltet. Der Treppenaufgang wurde mit Saalfelder Marmor verkleidet. Der Saal, zu dem er führte, die Ratsdiele, wurde seiner früheren Einbauten entledigt, mit einer Balkendecke ausgestattet und seine Fenster und Türgewände ebenfalls mit Marmor verkleidet.[126] Dieser „Fliesensaal" diente als Empfangsraum. Nach der Eröffnung des Schiffshebewerkes am 30. Oktober 1938 durch Rudolf Heß hat die Stadt den „Stellvertreter des Führers" in den neu hergerichteten Fest- und Empfangsräumen des Rathauses begrüßt. Anschließend sprach er vom Balkon des Rathauses und trug sich in das „Goldene Buch der Stadt Magdeburg" ein. In ihm hatten sich über ein Jahr zuvor auch der Botschafter der USA in Deutschland und die „Dauthers of the American Revolution" verewigt. Die in deren Anwesenheit am 21. Mai 1937 im Bürgersaal des Rathauses enthüllte Steubenbüste des Bildhauers Konrad Pirntke fand dann in dem neuen „Fliesensaal" des Rathauses ihren Platz. Später wurde sie im Kulturhistorischen Museum aufbewahrt und kehrte erst 1990 wieder in das Rathaus zurück.

Nach längerer Schließung wurde 1938 der renovierte Ratskeller von neuem eröffnet und 1939 nochmals modernisiert. Unter den westlichen Kolonnaden richtete man 1939 zum zweiten Mal ein Terrassenrestaurant ein. Auch die Räume des Standesamtes Altstadt wurden noch vor dem Krieg umgestaltet und neu ausgestattet.

Die NS-Diktatur brachte für Millionen Menschen Elend und Tod. Der von den Nationalsozialisten entfesselte Krieg kam letztendlich nach Deutschland zurück. Unter den Städten, die in Schutt und Asche sanken, war auch Magdeburg. Am 16. Januar 1945 tobte hier ein Feuersturm, der tausende Opfer und zahllose zerstörte Häuser forderte. Das Rathaus hatte schon durch den Luftangriff am 28. September 1944 Schäden erhalten. Am 16. Januar 1945 wurde es schwer getroffen. Die Rathausflügel hatten keine Dächer

*Aufräumarbeiten vor dem zerstörten Alten Rathaus, Ansicht von Südwesten (StAM)*

mehr. Die Mauern ihrer Obergeschosse wiesen starke Schäden auf. Erdgeschoss und Keller blieben weitgehend unversehrt. Die Verwaltung musste umgehend in anderen Gebäuden der Stadt, hauptsächlich in Schulen, untergebracht werden. Nachdem dem Oberbürgermeister zunächst die Schule in der Litzmannstraße (heute Cracauer Straße) zugewiesen worden war, diese jedoch wegen ihrer Lage und mangelnder Luftschutzsicherung als ungeeignet betrachtet wurde, nahm der Oberbürgermeister noch im Januar 1945 mit anderen Teilen der zentralen Verwaltung seinen Sitz in der Viktoriaschule in der heutigen Harnackstraße.[127]

## Von den Nachkriegsjahren bis zum Ende der DDR

Nach dem Ende des Krieges und der Zerschlagung des Nazi-Regimes gelang es unter größten Anstrengungen, das öffentlich Leben wieder in Gang zu setzen. Im Mai 1946 wurde das Neuaufbauamt der Stadt Magdeburg gebildet. Am 8. September 1946 fanden Gemeindewahlen statt. Mit Unterstützung der sowjetischen Besatzungsmacht gelang es der SED, im neuen Stadtparlament die meisten Sitze zu erringen. Oberbürgermeister waren zunächst Männer, die aus der Sozialdemokratie kamen, Otto Baer und Rudolf Eberhard. Letzterer wurde 1950 im Zuge der Ausschaltung

*Blick über den Zentralen Platz nach Osten. Zwischen dem Alten Rathaus und der Johanniskirche ist die Ruine des städtischen Dienstgebäudes Spiegelbrücke 1/2 zu sehen. (StAM)*

sozialdemokratischer Persönlichkeiten wegen „Wirtschafts-vergehen" verhaftet und 1952 zu fünf Jahren Zuchthaus ver-urteilt.

Nach Gründung der DDR im Oktober 1949 wurde das Prin-zip des „demokratischen Sozialismus" mehr und mehr durch-gesetzt. Die von Staat und Partei vorgegebenen Anweisun-gen waren auf örtlicher Ebene durchzusetzen. Dazu gehör-te auch die Einteilung des Stadtgebiets in Stadtbezirke, die durch Ratsbeschluss vom 14. März 1952 erfolgte. Demzu-folge gab es für jeden Stadtbezirk ein Rathaus.

Einen Ideenwettbewerb zum Aufbau von Magdeburgs Stadt-kern, bei dem auch die Standortfrage des Rathauses zu berücksichtigen war, gab es bereits 1946. Baurat Hugo Wölfle gewann ihn. Wölfle hatte für ein neues Rathauses einen Platz an der Elbe vorgesehen. In den nächsten Jah-ren folgten weitere Wettbewerbe. Als vorherrschende Auffas-

*Nordostansicht des Alten Rathauses im April 1946 mit der Ulrichskirche im Hintergrund (StAM)*

sungen für den neuen Rathausstandort kristallisierten sich das Zentrum zwischen Otto-von-Guericke-Straße/ Breiter Weg/ Ost-West-Straße/Leiterstraße sowie der Alte Markt heraus. Der Standort Alter Markt wurde schließlich verworfen, da für diesen Platz das Alte Rathaus bestimmend sei und ein zweites Gebäude dort die Richtungs- und Platzwirkung aufheben bzw. den Charakter des Platzes zerstören würde.[128] Die Stadtverordnetenversammlung fasste daraufhin am 20. März 1950 unter drei Enthaltungen den Beschluss, das neue Rathaus am erstgenannten Standort in Anlehnung an die Otto-von-Guericke-Straße und Leiterstraße zu errichten. In diesem Zusammenhang wurde bereits der Abbruch der

*Zerstörtes Altes Rathaus von Norden im April 1946, im Vordergrund das Otto-von-Guericke-Denkmal, links das Dienstgebäude Spiegelbrücke 1/2 (StAM)*

Ulrichskirche diskutiert. Während die Vorschläge aus den Ideenwettbewerben nicht in die Tat umgesetzt wurden, fiel die Ulrichskirche 1956 dem Abriss zum Opfer.

Das Alte Rathaus lag, wie die gesamte Innenstadt, noch lange nach dem Krieg in Trümmern. Die Stadtverordneten tagten in dieser Zeit teils im Altersheim in der Leipziger Straße oder im Kristallpalast. Zunächst galt es, am Rathaus Sicherungsmaßnahmen gegen mögliche Einsturzgefahr vorzunehmen. Am 23. September 1945 begann die Beseitigung baufälliger Fassadenteile an der Süd- und Ostseite. Auch die Zugänge zum Hof und die Decke über dem Rathauskeller wurden gesichert. Zu jener Zeit betrieb die Firma Adolf Pieske, eine Werkstatt für Lampenschirme, ihr Geschäft noch in einem der ehemals acht Läden an der Südseite des Rathauses. Später wurden die noch verwendbaren Ladenräume für die HO-Gaststätten als Kultur- und Schulungsraum eingerichtet. Am 7. Juni 1960 stürzte die Gewölbedecke über dem Kulturraum ein. Vermutlich hatte die übermäßige Belastung der oberen Gewölbe durch Schuttmassen zu dem Einsturz geführt.[129]

1950 leitete die Denkmalpflege Halle Sicherungsmaßnahmen für das Rathaus ein. Das Gemäuer an der Nordwestecke des Westflügels wurde erneuert und ein Notdach zum Schutz vor Verwitterungen errichtet.

Am 1. August 1950 erhielt der Ratskeller-Pächter Peter Björnsen die zunächst auf sechs Monate beschränkte Erlaubnis zur Wiedereröffnung der historischen Gaststätte. Ab 1956 zierten die bisher kahlen Wände des Eingangsbereiches einige Magdeburger Wappen, die der Heimatforscher Werner Priegnitz aus den Trümmern in der Altstadt geborgen hatte. Sie wurden später wieder entfernt, darunter das Stadtwappen von 1650 von der ehemaligen Ostseite des Rathauses.[130]

Ab 1954 bis in die 60er Jahre hatte die Außenstelle der Deutschen Akademie der Wissenschaften Berlin im Nordtrakt des Rathaus-Nordflügels ihren Sitz. In dessen Obergeschoss war das zerstörte Kreuzrippengewölbe wieder hergestellt worden. Die grotesken Konsolmasken aus dem mittelalterlichen Rathaus konnten jedoch nicht mehr gerettet werden. 1957 wurde auf den Westflügel wieder ein Dachreiter aufgesetzt. Die Pläne fertigte das Baugeschäft Werner

Spengler, Magdeburg, an.

Noch bis Mitte der 60er Jahre fanden im und am Alten Rathaus Enttrümmerungs- und Sicherungsarbeiten statt. In deren Ergebnis waren u. a. die Dachbalustrade aus dem 19. Jahrhundert am gesamten Gebäude und der restliche Gebäudeteil am östlichen Ende der Südkolonnaden beseitigt.

Die umfassenden Arbeiten zum Wiederaufbau des Alten Rathauses erfolgten 1965 bis 1969.

*Altes Rathaus mit Johanniskirche im Hintergrund (StAM)*

Der Westflügel erhielt nach und nach seine ursprüngliche Gestalt zurück. Einbauten des 19. Jahrhunderts wurden entfernt. Die Stadtbauleitung beauftragte den Baubetrieb für Denkmalpflege Paul Schuster KG mit Restaurierungsarbeiten am Balkon, an der Fassade des Westflügels sowie in den Arkaden.

Am 1. Mai 1969 wurde als Abschluss des ersten Bauabschnittes der Ratskeller an die HO-Gaststätten zur Nutzung übergeben und feierlich wiedereröffnet. Am 3. Okto-ber 1969 konnte Oberbürgermeister Werner Herzig, SED, der zuvor seinen Sitz im Gebäude Bei der Hauptwache 4-6 hatte, die Schlüssel für das Rathaus in Empfang nehmen. Damit war der zweite von insgesamt drei Bauabschnitten zum Wiederaufbau des Rathauses vollendet. Die Tagespresse erwähnte dieses Ereignis nur beiläufig, vorrangig war die Berichterstattung zum 20. Jahrestag der DDR und über die ebenfalls am 3. Oktober vollzogene Grundsteinlegung für das Centrum-Warenhaus (heute Karstadt).

*Blick von Süden auf das teilweise wieder aufgebaute Alte Rathaus (StAM)*

Anfang Januar 1970 begannen die Arbeiten zum dritten Bauabschnitt des Rathauses. Anstelle des in großen Teilen zerstörten Süd- und Ostflügels aus dem 19. Jahrhundert entstand nach dem Rückbau der noch teilweise intakten Erdgeschossbereiche ein Bürotrakt mit zwei Keller- und vier Bürogeschossen. Das unterste Kellergeschoss sollte Luftschutzzwecken dienen. Der mit einer Sandsteinverblendung versehene Neubau wurde in einem Versuchsmodell in Plattenbauweise ausgeführt. Wegen Lieferschwierigkeiten musste der östliche Bereich jedoch nach traditioneller Methode gemauert werden.[131]

Nach Fertigstellung des dritten Bauabschnittes im Frühjahr 1971 war das Alte Rathaus wieder zu einem geschlossenen Komplex geworden, befreit von Zutaten des 19. Jahrhunderts, im Südosten ersetzt durch einen Neubau. Der Nordflügel präsentierte sich in seiner historisch nachgewiesenen Dreischiffigkeit mit Satteldächern, der Westflügel wieder in beeindruckender Renaissancefassade.

Seit Sommer 1972 bis 1990 konnten sich die Magdeburger auf Wunsch auch wieder im Alten Rathaus trauen lassen.

*Ostansicht des Alten Rathauses am Ende der 1960er Jahre mit dem Lutherdenkmal im Vordergrund (StAM)*

Im Dachgeschoss des Alten Rathauses, unter dem Glockenstuhl, hatten die Angestellten der Stadtverwaltung die Möglichkeit, eine dort angelegte Kegelsportanlage zu nutzen.

Die drei Meter hohe zweiflüglige bronzene Tür, die sich unter dem Rathausbalkon befindet, ist ein Werk des Magdeburger Bildhauers Heinrich Apel aus dem Jahre 1969. Die Kunstgießerei Lauchhammer hat sie gegossen und im Sommer 1970 geliefert. Heinrich Apel gestaltete mit der Tür eine „Bilderbuchseite" zur Geschichte Magdeburgs. Auf 14

Tafeln sind bedeutende Persönlichkeiten und historische Szenen dargestellt, wie Otto der Große mit seinen Gemahlinnen Editha und Adelheid, Eike von Repgow, Till Eulenspiegel, Johann Andreas Eisenbart, Otto von Guericke, Georg Philipp Telemann, Wilhelm Weitling, Hans Grade und Erich Weinert. Auch eine mittelalterliche und eine moderne Stadtansicht sowie Trümmerfrauen sind zu sehen.
Ein anderes Werk von Heinrich Apel, die Plastik „Fünf Sinne", wurde im Herbst 1972 an der Südseite des Rathauses aufgestellt.
Das Original des Magdeburger Reiters erhielt zu seinem

*Blick von Süden auf das Alte Rathaus. Im Hintergrund sind die Neubauten an der Jakobstraße zu sehen. (StAM)*

Schutz einen Platz im Kulturhistorischen Museum. An seinem Standort auf dem Alten Markt steht seit 10. August 1966 eine Kopie aus Bronzeguss.

Ein besonderes Ereignis in der Rathausgeschichte war die Einweihung des in Apolda gegossenen Glockenspiels im Rathausturm am 28. September 1974, die im Rahmen der Eröffnung der Magdeburger Kulturfesttage stattfand. Eine riesige Menschenmenge hatte sich auf dem Alten Markt versammelt und hörte die erste Glockenmelodie „Freude, schöner Götterfunken". Magdeburg war die erste Stadt in der DDR, die ein großes Carillon, das durch mehr als 22 chromatisch abgestimmte Glocken und eine Handspieleinrichtung gekennzeichnet ist, ihr Eigen nennen konnte. Das Magdeburger Glockenspiel, das sowohl mechanisch als auch manuell bedient werden kann, besteht aus 47 Glocken und umfasst vier Oktaven vom eingestrichenen f bis zum fünfgestrichenen f. Die größte Glocke mit 1,15 Meter wiegt 20 Zentner. Die kleinste Glocke ist 17 Zentimeter hoch und wiegt 10 Kilogramm. Der Bildhauer Heinrich Apel schuf die Entwürfe für die Verzierungen und Inschriften an den Glocken. Eine Glocke zeigt zum Beispiel Bilder von der Zerstörung und dem Wiederaufbau der Stadt, eine weitere ist dem Magdeburger Komponisten Georg Philipp Telemann gewidmet.[132]

Unter Leitung des Denkmalpflegers und späteren Ehrenbürgers Heinz Gerling trat im Mai 1975 beim Rat der Stadt ein Arbeitskreis „Glockenspiel" ins Leben, und am 1. Oktober 1977 fand das 1. Glockenspielertreffen mit internationaler Beteiligung in Magdeburg statt. Bis heute erfreuen sich die Magdeburger und ihre Gäste am Klang der Glocken. Zur vollen Stunde ertönt über eine Automatik der Stundenschlag mit einer kurzen Melodie. In den 90er Jahren wurde das Glockenspiel zur Nachstimmung in eine Glockengießerei nach Karlsruhe gesandt. Seitdem weist es eine besondere Klangreinheit auf.

Zu DDR-Zeiten erklangen die Glocken auch wöchentlich anlässlich der Übergabe des „Blumenstraußes der Woche", den einzelne Bürgerinnen und Bürger oder Kollektive ab April 1978 als Auszeichnung für besondere Leistungen im „sozialistischen Wettbewerb", im „Mach mit!" - Wettbewerb usw. erhielten.[133]

Neben den vom 16. Januar 1949 bis 30. April 1985 geführten Eintragungen in das „Erinnerungsbuch der Stadt Magdeburg" und den seit Mai 1985 wieder vorgenommenen Eintragungen in das 1931 angelegte „Goldene Buch" wurden im Alten Rathaus vom 28. Januar 1985 bis Juli 1990 auf Wunsch auch Eintragungen in das „Buch der jüngsten Bürger der Stadt Magdeburg" vollzogen. Sehr beliebt waren die Konzerte, die in der DDR-Zeit einmal monatlich sonntags vormittags von Mitgliedern des Städtischen Orchesters im

*Bronzetür von Heinrich Apel (JKI)*

*Montage des Glockenspiels auf dem Rathausturm 1974 (JGo)*

*Glockenspiel am Alten Rathaus,*
*2006 (JBu)*

Rathaus erklangen und bis 1997 an diesem Ort fortgeführt wurden. Bis Anfang der 90er Jahre moderierte Jutta Langhoff die Rathauskonzerte.[134]

## Eine neues Kapitel beginnt

Mit der politischen Wende 1989/90 brach eine Zeit der Umgestaltung und inhaltlichen Neuausrichtung an. Am 1. Juni 1990 nahm nach Jahrzehnten wieder ein frei gewählter Magistrat seine Arbeit auf. Der 1990 gewählte Oberbürgermeister Dr. Willi Polte, SPD, äußerte: „In einer Zeit, in der wir uns unter grundlegend veränderten politischen und wirtschaftlichen Rahmenbedingungen anschicken, neue Kapitel der Kommunalgeschichte unserer Stadt zu schreiben, muß auch das Rathaus und was in ihm geschieht einen völlig neuen Stellenwert erhalten."[135] Er erklärte kommunale Selbstverwaltung, Bürgernähe und Bürgerbeteiligung zu Maximen des Handelns. „Ich wünsche mir, daß das Rathaus wieder als Haus der Bürger empfunden und angenommen wird", sagte er im Jahre 1991. Neben gewaltigen Umstrukturierungen in der Verwaltung, die mit neuen Bezeichnungen der Behörde (zunächst wieder „Magistrat", seit 1993 „Landeshauptstadt Magdeburg. Der Oberbürgermeister") und des Stadtparlaments (seit 1994 „Stadtrat") einhergingen, vollzogen sich auch Umwandlungen im und vor dem Rathausbau. Dazu gehörten zum Beispiel der Einbau eines behindertengerechten Fahrstuhles, die Neugestaltung des südlichen Eingangsbereiches und ein neuer Fassadenanstrich. Die Arbeiten gipfelten in der kompletten Sanierung des Rathauses vom Herbst 2003 bis Herbst 2005. Der Oberbürgermeister und die im Alten Rathaus untergebrachten Ämter nahmen während der Sanierungsphase die Räumlichkeiten im 1. bis 3. Obergeschoss des 2003 sanierten Neuen Rathauses ein. Der Stadtrat tagte im Landtagsgebäude am Domplatz, seit 3. November 2005 wieder im Alten Rathaus. Der Oberbürgermeister kehrte am 1. November 2005 in die Diensträume des Alten Rathauses zurück.

Am 3. Oktober 2005, im Jahr des 1200-jährigen Stadtjubiläums, hatten die Magdeburger Gelegenheit, das Alte Rathaus im neuen Gewand erstmals wieder zu betrachten - und sie kamen zu Tausenden. Das Haus ist ohnehin zum jährlichen Rathausfest ein besonderer Anziehungspunkt für die Bevölkerung. Seit 1991 veranstaltet die Stadt das Rathausfest, damals anlässlich des 300-jährigen Rathausjubiläums am 14. September, in den Folgejahren jeweils zum Tag der Einheit am 3. Oktober. Die Bürgerinnen und Bürger haben Gelegenheit, im Rathaus mit Vertretern der einzelnen Bereiche der Verwaltung und der Fraktionen des

*Mittelrisalit des Alten Rathauses, 2006 (JBu)*

Stadtrates ins Gespräch zu kommen. Darüber hinaus können sie die verschiedensten kulturellen und informativen Veranstaltungen auf dem Alten Markt besuchen. Die Besucherzahlen belegen, welch große Resonanz das Rathausfest bei der Bevölkerung findet. Aber auch sonst ist das Interesse groß, wie zum Beispiel die Nachfrage an Führungen durch das Gebäude oder die Zugriffe auf die Internetseite der Stadt zeigen. Allgemeine Zustimmung findet dabei u. a. die Namensgebung der öffentlich nutzbaren

Räume des Alten Rathauses: Eike-von-Repgow-Saal und Franckesaal im Erdgeschoss, Otto-von-Guericke-Saal, Hasselbachsaal, Beimszimmer, Hansesaal, Gotisches Zimmer, Bördezimmer im 1. Obergeschoss, darüber das Alemannzimmer – Namen, die Assoziationen mit der langen Magdeburger Geschichte hervorrufen.

Beliebt sind die seit 1994 durchgeführten Ehrungen für „Goldene" und jüngst auch für „Diamantene Hochzeitspaare" im Alten Rathaus. Seit Januar 2006 wird zudem die 1991 ins

*Südseite des Alten Rathauses und Johanniskirche, 2006 (JBu)*

*Altes Rathaus von Nordwesten und Roland, 2006 (JBu)*

Leben gerufene jährliche Ehrung verdienstvoller Einwohnerinnen und Einwohner im Alten Rathaus vorgenommen. Bei der politisch interessierten jungen Generation erfahren die Sitzungen „Jugend im Stadtrat" regen Zuspruch. Die Magdeburger haben das Rathaus als „ihr" Rathaus angenommen. Es sieht in seinen Mauern aber auch viele hochrangige Vertreter aus Politik, Kultur, Kirche, Wissenschaft und Sport aus ganz Deutschland und aus dem Ausland. So konnten seit der Wende hier u. a. die Bundespräsidenten Richard von Weizsäcker, Prof. Dr. Roman Herzog und Dr. Johannes Rau, die Bundestagspräsidenten Prof. Rita Süßmuth und Wolfgang Thierse, Bundeskanzler Gerhard Schröder, der Präsident des Europaparlaments Dr. Klaus Hänsch, der Vorsitzende des Zentralrates der Juden Ignatz Bubis, ehemalige jüdische Mitbürger, Vertreter der Partnerstädte Magdeburgs, Botschafter verschiedenster Staaten, der Schauspieler Heinz Rühmann, Edzard Reuter, Bischof Leo Nowack, Teilnehmer der Olympischen Spiele und der Paralympics, Handballer des SCM und viele andere mehr empfangen werden. Sie verewigten sich im „Goldene Buch der Stadt Magdeburg", das allein von 1990 bis 2004 insgesamt 179 Eintragungen mit 311 Unterschriften enthält.[136] Im Stadtjubiläumsjahr 2005 wurde ein neues „Goldenes Buch der Landeshauptstadt Magdeburg" angelegt.

Mit der Sanierung und modernen Innenausgestaltung ging die Aufwertung der Außenanlagen des Rathauses einher. Seit September 1998 befinden sich zum Beispiel vor dem Hauptportal des Rathauses und dessen Nordseite in die Gehwege eingelassene Wappen. Vor dem Hauptportal ziert das Magdeburg-Wappen den Weg, rechts davon das Sachsen-Anhalt-Wappen und links der Bundesadler. Vor dem Oberbürgermeister-Eingang an der Nordseite des Rathauses ist das EU-Wappen zu sehen. Vier Magdeburger Betriebe hatten die Anfertigung der farbigen Mosaikpflaster finanziert. Links und rechts des Oberbürgermeister-Eingangs wurden zudem die Wappen der Partnerstädte Braunschweig und Sarajevo eingelassen. Das Wappen der jüngsten Partnerstadt Nashville ist dort noch nicht zu sehen.

Seit dem 23. Dezember 2005 steht vor dem Rathaus ein Roland. Die Rolandsfigur an sich hat im Laufe der Zeit mehrmals einen Bedeutungswandel erfahren. Allgemein gilt sie als Symbol städtischer Freiheit und Unabhängigkeit. Der mittelalterliche Magdeburger Roland stand ursprünglich zwischen dem Reiter und dem Haus des Marktmeisters am Alten Markt 16. Die Schöppenchronik berichtet, dass zu Pfingsten 1419 ein neuer Roland gesetzt wurde. 1459 schuf Meister Kunze von Erfurt einen steinernen Roland, der 1539 erneuert wurde. Vermutlich in diese Zeit, mit Sicherheit vor 1574, fällt die Verlegung seines Standortes vor die damals etwas höher gelegenen Grundstücke Alter Markt 18/19. Der Roland fiel der Zerstörung der Stadt im Dreißigjährigen Krieg zum Opfer. Als 1727 der Alte Markt erhöht, geebnet und neu gepflastert wurde, verschwanden die bis dahin wohl noch vorhandenen Trümmer des Rolands endgültig. Zur Erinnerung wurde an seinem Standort eine Steinplatte in das Pflaster eingelassen, die 1904 bei erneuter Pflasterung des Marktes durch die heute noch vorhandene Platte mit der Inschrift „Roland 1727" ersetzt wurde.[137]

Während des 1. Weltkriegs entstand in Magdeburg ein hölzerner Roland, durch dessen geplante Benagelung Spenden für die Hinterbliebenen gefallener Soldaten aufgebracht werden sollten. Den Entwurf für diesen „Nagelroland" schuf Prof. Rudolf Bosselt von der Kunstgewerbe- und Handwerkerschule. Von einer Benagelung des 3,75 Meter hohen Standbildes durch rostende Eisennägel hat man aber letztlich Abstand genommen, denn der Roland sollte für alle Zeiten erhalten bleiben. Im April 1933 wurde er vor dem Westflügel des Alten Rathauses aufgestellt. Um ihn keinen weiteren Witterungseinflüssen auszusetzen, entfernte man ihn im Dezember 1940 von dort und brachte ihn im städtischen Bauhof unter. Im Nachkriegswinter 1945/46 soll er zerhackt und verbrannt worden sein.[138]

Weder der mittelalterliche Roland noch der „Nagelroland" haben also die Zeiten überdauert. Geblieben ist die Anziehungskraft eines Rolands, der nun, einige Jahre nach der wiedergewonnenen deutschen Einheit und Selbstbestimmung der Landeshauptstadt, als „Zeichen der Identifikation der Stadt

Roland vor dem Alten Rathaus, 2006 (JBu)

(JBu)

Darstellung Till Eulenspiegels an der Rückseite des Rolands (JBu)

*Rathaus Südseite, Heinrich Apel „Fünf Sinne" (JBu)*

mit ihrer Geschichte" interpretiert wird.[139] Deshalb schrieb das Stadtplanungsamt 1999 einen künstlerischen Wettbewerb zur Neuschöpfung eines Rolands aus, doch fand eine „moderne" Rolandfigur in Magdeburg keine Akzeptanz. So beschloss der Stadtrat im Jahre 2004, vor dem Rathaus eine Rolandfigur aufzustellen, die der Abbildung in der Chronica der Sachsen und Niedersachsen von Johannes Pomarius aus dem Jahre 1589 entspricht. Die dazu erforderlichen Spendengelder in Höhe von mindestens 75.000 Euro warb ein Anfang 2005 gebildeter „Freundeskreis Historischer Roland" ein. Die Bildhauerin Martina Seffers, Niederndodeleben, fertigte das Modell und übernahm die künstlerische Leitung der Umsetzung für die über 4,80 Meter hohe Figur in „Cottaer" Sandstein. Die protokollarisch vorgeschriebenen fünf Fahnenmasten vor dem Rathaus mussten dem Standort des Rolands weichen.[140] Sie stehen nun südlich des Hauptportals.

An der Südseite des Rathauses wurde im Februar 2006 die Plastik „Fünf Sinne" von Heinrich Apel wieder aufgestellt. Ihr durch unachtsames Rangieren beschädigter Säulenschaft hatte erneuert werden müssen. Reiter und Roland auf der Westseite, die alte, wiederaufgebaute Stadtpfarrkirche St. Johannis mit Lutherdenkmal auf der Ostseite und das Denkmal für den großen Magdeburger Bürgermeister und Naturwissenschaftler Otto von Guericke auf der Nordseite bilden historisch bedeutsame Marksteine der Magdeburger Geschichte, die mit dem Rathaus zu einer architektonischen Einheit verschmelzen. Wer seinen Blick zum Magdeburger Rathaus wendet und seine Schritte in dieses alte Gebäude lenkt, den erwartet eine würdige, stimmungsvolle Atmosphäre, die dem Charakter, der Funktion und der Würde des Baus gerecht wird. Wie einst, so zählt das Alte Rathaus auch heute zu den wichtigsten Sehenswürdigkeiten Magdeburgs.

# Anmerkungen

1 Vulpius, S. 103.

2 Vgl. Puhle, S. 73,125; Korf, S. 217.

3 Teils wird der Vorgängerbau auch den Gewandschneidern zugeschrieben. Vgl. Nickel 1960, S. 51ff.

4 Vgl. Magdeburger Schöppenchronik, S. 378, Anm. 3; Priegnitz 1964. Nickel 1964, S. 7, fand keinen Beweis dafür.

5 Magdeburger Schöppenchronik, S. 173.

6 Vgl. ebd., S. 178; Pomarius; Schranil, S.97; Lück, S. 144. Neubauer 1931, S. 292, vermutet die älteste Schöffenkammer im Haus Alter Markt 10.

7 Vgl. Magdeburger Schöppenchronik, S. 176.

8 Vgl. Korf, S. 109 ff. Korf nennt Argumente, dass das Rathaus schon im 13. Jh. einen Westflügel hatte. Jüngste Bodenuntersuchungen ließen keine Belege dafür finden. Somit müsste der nach 1293 erbaute Westflügel auf den alten Fundamenten errichtet worden sein. Vgl. dagegen Nickel 1964, S. 7, Priegnitz 1964 und Asmus, Bd. 1, S. 269.

9 Vgl. Calvisius, S. 315; Peters, S. 145; Korf, S. 132, 255 Anm. 113.

10 Vgl. Korf, S. 119 ff; Neubauer 1931, S. 193; Asmus, Bd. 1, S. 268.

11 Vgl. Schranil, S. 226; Vulpius, S. 112, Magdeburger Schöppenchronik, S. 197, 258, 318.

12 Vgl. Korf, S. 110, 214.

13 Vgl. Pomarius; Korf, S. 193, 274 Anm. 164.

14 Zit. nach Korf, S. 229.

15 Vgl. Puhle, S. 102. Zu den Hintergründen siehe auch Asmus, Bd. 1, S. 312.

16 Zit nach Hertel 1881, S. 337. Vgl. auch Asmus, Bd. 1, S. 322f.

17 Hinweis von Frau Dr. Ursula Föllner, Otto-von-Guericke-Universität, Inst. f. Germanistik, März 2006.

18 Vgl. Magdeburger Schöppenchronik, S. 305f.; Pomarius; Asmus, Bd. 1, S. 370f.

19 Rathmann, Bd. 2, S. 409.

20 Vgl. Hasse, S. 123.

21 Vgl. Korf, S. 115; Peters, S. 138f. Nach Möllenberg, S. 33 u.35, sind die Fratzen, die den Gewölberippen als Konsolen dienten, wahrscheinlich durch die zahllosen Fratzen der Reimser Kathedrale angeregt worden und gehören somit in das 13. Jh.

22 Vgl. Korf, S. 267 Anm. 122.

23 Vgl. Neubauer 1914/15, bei S. 422. Zu weiteren Abbildungen vgl. Korf, S. 39-48.

24 Vulpius, S. 104.

25 Vgl. Magdeburger Schöppenchronik, S. 397; Korf, S. 118.

26 Vgl. ders., S. 29, 122.

27 Fortsetzung der hochdeutschen Übersetzung der Magdeburgischen Schöffenchronik, S. 18.

28 Vulpius, 186. Pomarius erwähnt den Brand nicht.

29 Pomarius; Vulpius, S. 104. Letzterer gibt als Gewicht 18 Zentner an.

30 Zit. nach: Aus der Geschichte des Magdeburger Rathauses, S. 399.

31 Vgl. Korf, S. 28,130.

32 Fortsetzung der hochdeutschen Übersetzung der Magdeburgischen Schöffenchronik, S. 46f. Pomarius gibt den Vorfall ähnlich wieder.

33 Zit. nach: Das Stadtarchiv Magdeburg und seine Bestände, S. 44.

34 Ebd.

35 Guericke, S. 88.

36 Vgl. StAM, Rep. AI R 5, Bl.3.

37 Vgl. Vulpius, S. 105; Wolter, S. 195.

38 Vgl. StAM, Rep. A I R 4, Bl. 1ff.

39 Vgl. Schultze, S. 88.

40 Gengenbach, S. 32.

41 Ebd., S. 32 ff.

42 Vgl. Neubauer 1931, S. 292.

43 Vgl. StAM, Rep. A I R 36, Bl. 1.

44 Ebd., Bl. 17.

45 Vgl. Asmus, Bd. 2, S. 91.

46 StAM, Rep. A I R 36, Bl. 9.

47 Ebd., Bl. 2.

48 Ebd., Bl. 9; Neubauer 1931, S. 43.

49 Es handelt sich wohl entweder um den Steinmetz und Bildhauer Hans Michael Hölt(z)ner, gest. zwischen 1696 und 1701, oder um dessen Vater ? Christian, der 1681 am Bau der Jakobikirche beteiligt war. Vgl. Neubauer 1929, S. 44f.

50 Vgl. Calvisius, S. 272.

51 Vgl. Aus der Geschichte des Magdeburger Rathauses, S. 399; StAM, Rep. A II R 23 Bd. 2.

52 Peters, S. 144.

53 Vgl. Szewczyk.

54  Vgl. Lehmann, S. 210; Magdeburg und Umgebung 1922, S. 31f.
55  Vgl. Mrusek, S. 104.
56  Magdeburgische Zeitung v. 25.6.1922.
57  Berghauer, Teil 1, S.119.
58  Zit. nach Lemcke, S. 27.
59  Korf, S. 131.
60  Vgl. Magdeburg und Umgebung 1922, S. 32.
61  Als Service wurde die Geldvergütung für die Unterbringung von Militärpersonen, -pferden usw. bezeichnet. In den preußischen Staaten wurde im 18. Jh. der Service als Grund- und Gebäudesteuer erhoben und zur Entschädigung von Quartierlasten verwendet.
62  Vgl. Berghauer, Teil 1, S. 118.
63  Königliche Preußische Feuer-Ordnung, S. 53.
64  Wolter, S. 204.
65  Vgl. Das Stadtarchiv Magdeburg und seine Bestände, S. 23 ff.
66  Vgl. Kabel, S. 14.
67  Zit. nach Meyer, S. 59.
68  Vgl. StAM, Rep. A I R 142.
69  Vgl. Magdeburger General-Anzeiger v. 6.6.1936.
70  StAM, Rep. A II R 30, Bl. 2. Text bei Vulpius, S. 105, und Asmus, Bd. 2, S. 91.
71  StAM, Rep. A II R 30, Bl. 2
72  Ebd.
73  Vgl. StAM, Rep. A II R 12, Bl. 116 ff.
74  Vgl. StAM, Rep. A II K 42 a, Bd. 1, Bl. 69.
75  1 Fuß = 0,314 Meter.
76  Vgl. StAM, Rep. A II K 42 b.
77  Lehmann, S. 211.
78  1 preußische Rute = 3,766 Meter.
79  Vgl. Ballerstedt, Die Zerstörung, S. 38 ff.
80  Vgl. Buchholz/ Ballerstedt/ Buchholz, Magdeburger Bürgermeister.
81  StAM, Rep. 18⁴ F 25, Bl. 3.
82  Vgl. ebd., Bl. 2 ff.
83  Vgl. StAM, Bauakte Alter Markt 15, Bd. 1, Bl. 91; Korf, S. 134.
84  StAM, Rep. A II R 23 spec. 1, Bl. 6 ff.
85  Vgl. StAM, Bauakte Alter Markt 15, Bd. 1; Korf, S. 130, 135; Verwaltungsbericht 1867, S. 28.
86  Peters, S. 145.
87  Vgl. StAM, Rep. A II R 23 Bd. 2, Bl. 73.
88  Peters, S. 143.
89  Vgl. Neubauer 1931, S. 291.
90  Vgl. StAM, Rep. A II R 23 spec. 6.
91  Vgl. StAM, Rep. 18⁴ F 25.
92  Verwaltungsbericht 1891/92, S. 4, 82.
93  Korf, S. 136.
94  Schon bei Gengenbach erwähnt. Es handelte sich wohl um zwei Obergeschossräume des Hauses Spiegelbrücke 1, die als Gefängnis dienten. Vgl. auch Korf, S. 129.
95  Korf, S. 136, vgl. auch Peters, S. 143.
96  Korf, S. 136.
97  Vgl. StAM, Rep. A II B 28 b, Bl. 23; Verwaltungsbericht 1885, S. 2, 1889/89, S. 3.
98  Vgl. StAM, Rep. 35 He 1, Bl. 224.
99  Vgl. Verwaltungsbericht 1892/93, S. 93.
100 StAM, Rep. 18⁴ F 25.
101 Vgl. ebd.; Korf, S. 75, 136.
102 Wolter, S. 317 f.
103 Vgl. StAM, Rep. 18⁴ F 25.
104 Vgl. StAM, Rep. A II R 23 spec. 9, Bl. 17; Rep. 35 He 1, Bl. 189 ff. Dagegen wurde das Zeigerwerk der Rathausuhr schon seit 1871 „durch eine elektrische Leitung" bewegt. Verwaltungsbericht 1871, S. 22.
105 Vgl. StAM, Rep. 35 He 35; Magdeburger General-Anzeiger v. 13.8.1907, 17.8.1907, 23.8.1907, 1. Beil.; Meyer, S. 59f.
106 Vgl. StAM, Rep. 35 He 31; Verwaltungsberichte 1912/13 bis 1914/15.
107 Vgl. StAM, Rep. 35 He 1, Bl. 25 ff.
108 StAM, Rep. A II R 23 spec. 10, Bl. 36.
109 Vgl. StAM, Rep. 35 He 29; He 30, Bl. 204; Bauakte Alter Markt 15, Bd. 1; Rep. A III 24.2 a, Bl. 171; Verwaltungsbericht 1922, S. 42; Magdeburgische Zeitung v. 25.6.1922; Nippa, S. 140.
110 Vgl. StAM, Rep. 35 He 29.
111 Vgl. Gisbertz, S. 49.
112 Vgl. Magdeburgische Zeitung v. 22.7.1921, 2. Ausgabe.
113 Vgl. Mitteilung Bruno Tauts im Magdeburger General-Anzeiger v. 19.5.1922.
114 Vgl. StAM, Rep. 35 He 30, Bl. 147.
115 Ebd., Bl. 143.
116 Vgl. Gisbertz, S. 54; Rieger, S. 77.
117 Magdeburgische Zeitung v. 25.6.1922.
118 Vgl. Rieger, S. 77.
119 Gisbertz, S. 54.

120  Vgl. Magdeburgische Zeitung v. 4.3.1939. Etwa 60 Seiten des „Goldenen Buches" fehlen.

121  Magdeburgische Zeitung v. 12.3.1933.

122  Ebd.

123  Vgl. Brandt/ Lowenthal, S. 276f.

124  Magdeburgische Zeitung v. 23.3.1933, 3. Beil.

125  Abb. bei Hattenhorst, S. 779.

126  Vgl. StAM, Bauakte Alter Markt 15, Bd. 2, Bl. 132; Verwaltungsbericht 1937, S. 106-109; Der Mitteldeutsche v. 5.4.1937; Korf, S. 57, 137.

127  Vgl. StAM, Rep. 44 Nr. 16, Bl. 29, 37, 64, 136.

128  Vgl. StAM, Rep. 18⁴ St 5 a, Bl. 146f., 214f.

129  Vgl. StAM, Bauakte Alter Markt 15, Bd. 3, Bl. 80.

130  Vgl. Der Neue Weg v. 20.6.1956.

131  Vgl. StAM, Rep. 41 Nr. 2084, Bl. 26, 231; Rep. 41 Nr. 2083, Bl. 69; Hinweis des Architekten Chris Wasser, Mai 2006.

132  Vgl. Gerling, S. 2; Schilling, S. 13ff.

133  Bis 30.4.1988 wurden 3302 Bürger und 810 Kollektive in diesem Rahmen ausgezeichnet. Vgl. Volksstimme v. 28.4.1988.

134  Mitteilung von Frau Theresa Müßig, Theater Magdeburg, April 2006.

135  Vorwort zu Buchholz/ Ballerstedt, 300 Jahre Magdeburger Rathaus.

136  Vgl. Unterlagen des Amtes 13 der Landeshauptstadt Magdeburg. UNO-Friedensbotschafterin Dr. Jane Goodall und Telemannpreisträger Nikolaus Harnoncourt wurden 2004 im Neuen Rathaus empfangen.

137  Vgl. Neubauer 1916, S. 6-27.

138  Vgl. Olbricht/ Peters, S. 15; Unterlagen zum Nagelroland im Stadtarchiv Magdeburg, Rep. 10 V.

139  Olbricht/ Peters, S. 19.

140  Vgl. ebd.

# Kunst im Alten Rathaus

Ilona Brodhun

Der in den Jahren von 1957 bis 1969 erfolgte Wiederaufbau und die Vervollständigung des Gesamtensembles durch einen Neubau an der Südseite des erheblich zerstörten Alten Rathauses wurde unter zum Teil erheblichen materiellen Schwierigkeiten durchgesetzt, aber durchaus mit dem betonten Wunsch des Oberbürgermeisters, sich auch mittels baugebundener Kunst, wenn auch nicht immer einvernehmlich mit den beteiligten Künstlern, eindrucksvoll zu positionieren.

Nicht zu vermeiden war ein enormer Raumbedarf für die Gastronomie, der nicht nur den ältesten Teil des Rathauses mit dem Bischofssaal aus dem 13. Jahrhundert, sondern auch die darüber liegenden mittelalterlichen Gewölbe für die Küche, die Gaststättenverwaltung, die Vorratshaltungen mit ihren Rampen im Hofbereich blockierte.

Nach der Wende 1989/90 wurde das Rathaus zum Mittelpunkt einer nunmehr demokratisch gewählten und strukturierten Stadtverwaltung. In diesem Zusammenhang war auch eine erweiterte Kunstkonzeption vorgesehen, die aber nicht durchgängig zum Zuge kam, da ein fortschreitender Verschleiß der Bausubstanz einer funktionalen Neuordnung der Räume im Wege stand. Aus verständlichen Gründen heraus entschloss sich der Stadtrat erst 13 Jahre später zu einer Generalsanierung des gesamten Gebäudequartiers. Allerdings waren in der Gesamtbausumme keine Mittel für die Erhaltung, Einbindung und Neuordnung vorhandener wie zusätzlich einzubindender Kunstwerke vorgesehen. Unter diesen Bedingungen und in zähen Auseinandersetzungen mit den Architekten wurde schließlich im Einvernehmen mit den Stadträten ein annähernd durchgängiges Konzept für die künstlerische Ausgestaltung, wenn auch in einzelnen Teilen im Widerspruch zu den Gesamtvorstellungen der Künstlergruppe, erarbeitet.

Die Glasbetonarbeiten im ehemaligen Treppenhaus von Oskar Hamann sowie die hervorragenden Kunstschmiedearbeiten des damals jungen Wilfried Heider (1939 – 1999), seine modernen Fenstergitter und Treppengeländer sowie das große repräsentative schmiedeeiserne Hoftor, konnten weder eingebaut noch als Erinnerungsstütze sinnvoll integriert werden.

Dennoch bezieht sich das Kunstkonzept auf die Tradition des Alten Rathauses und greift auf baugebundene Kunst der 60er Jahre und auf Kunstankäufe der 90er Jahre zurück.

So entdecken sowohl Besucher als auch die Beschäftigten des Hauses in fast jedem Raum des Rathauses ihnen bekannte Kunst. Neu hinzugekommen sind lediglich einige Leihgaben von Künstlern und der Stadtsparkasse Magdeburg.

## Arkaden

1969 schuf die Magdeburger Glasgestalterin Marga Hamann für die große Rathausdiele im ersten Obergeschoss Glasfenster mit Magdeburger Motiven. Die Künstlerin wählte dafür Siegel, Wappen und Münzen aus unterschiedlichen Zeitepochen der Stadtgeschichte aus und trug die Motive in der Schwarzlotmalerei auf Antikglas auf.

Mit der Sanierung erhielt die Rathausdiele neue Fenster, und die bemalten Scheiben wurden gut sichtbar auf eine Glaswand im Foyer appliziert.

Marga Hamann gehörte zum Kollegium Bildender Künstler Glasgestaltung Magdeburg mit Sitz in der Leipziger Straße. In der als Werkgenossenschaft 1955 gegründeten Künstlergemeinschaft, Mitte der 70er Jahre umbenannt als Kollegium Bildender Künstler Magdeburg, arbeiteten bekannte Glasgestalter der DDR wie Oskar Hamann, Reginald Richter, Richard Wilhelm, Eckehard Frey und Dietmar Witteborn. Einige ihrer wichtigsten Kunstwerke sind bzw. waren in Magdeburg die Zentrumslaterne von 1972/73, die Glasgestaltung in der Schwimmhalle in Olvenstedt 1986, die in der Telekom, Niederlassung Magdeburg, von 1996 und die Glasgestaltung im Eingangsbereich der Universität von 1998. Mit der Glasblume im ehemaligen „Palast der Republik" in Berlin und mit Glasgestaltungen in Botschaften, Krankenhäusern, Universitäten setzten sie über die Grenzen hinweg sichtbare Zeichen und errangen mit ihren Leistungen nationale und internationale Anerkennung.

Im März 2000 schloss das Kollegium Bildender Künstler Glasgestaltung Magdeburg nach 45 Jahren intensiver künstlerischer Arbeit seine Werkstatt.

## Foyer

Mit dem Ausbau des nördlichen Gebäudeteils zum neuen Rathausfoyer wurde den Besuchern der älteste Teil des Rathauses wieder zugänglich. Wuchtige Pfeiler, Rundbögen und Nischen bestimmen und gliedern das Foyer in zwei Hauptachsen, die dann in einen großen, übersichtlichen Galerieraum münden. Über eine raumgreifende doppelläufige Treppenanlage gelangt der Besucher in das obere Geschoss mit Ratssaal, Oberbürgermeisterbereich und Sitzungssälen.

Durch einen historischen Streifzug zur Geschichte des Alten Marktes und des Rathauses und mit Erzeugnissen der Magdeburger Innungen und Zünfte wird die Kultur der Entstehungszeit dieses ältesten Gebäudeteils erlebbar. Das Magdeburger Gewerbe gelangte zu hohem Ansehen. 1631 sind in Magdeburg über 100 verschiedene Gewerbearten nachweisbar.

In drei Vitrinen können die Rathausbesucher hervorragende Erzeugnisse der Handwerkskunst aus den Beständen des Kulturhistorischen Museums betrachten, zum Beispiel Pokale, Krüge und Teller der Gold- und Silberschmiede, der Zinngießer sowie Fayencen und Steingut. Zu sehen sind auch Exponate der jahrhundertealten Buchdruckerkunst aus Magdeburg, die hier eine große Bedeutung hatte. Für die Geschichte der Buchdruckerkunst in Magdeburg steht auch die Familiengeschichte der Fabers, die in einer Tischvitrine mit bibliophilen Kostbarkeiten aus den Beständen der Stadtbibliothek gewürdigt wird.

An der Nordwand des Rathausfoyers ist der Gobelin „Zunftzeichen" von Edith Müller-Ortloff (1911 – 1994) zu sehen. Der Knüpfteppich wurde neben zwei weiteren Teppichen, deren Existenz nicht mehr nachweisbar ist, 1937/38 für das Magdeburger Rathaus angefertigt.

*Arkaden, Marga Hamann, Glasgestaltung (Ausschnitt), 1969 (JBu, JKl, JBu)*

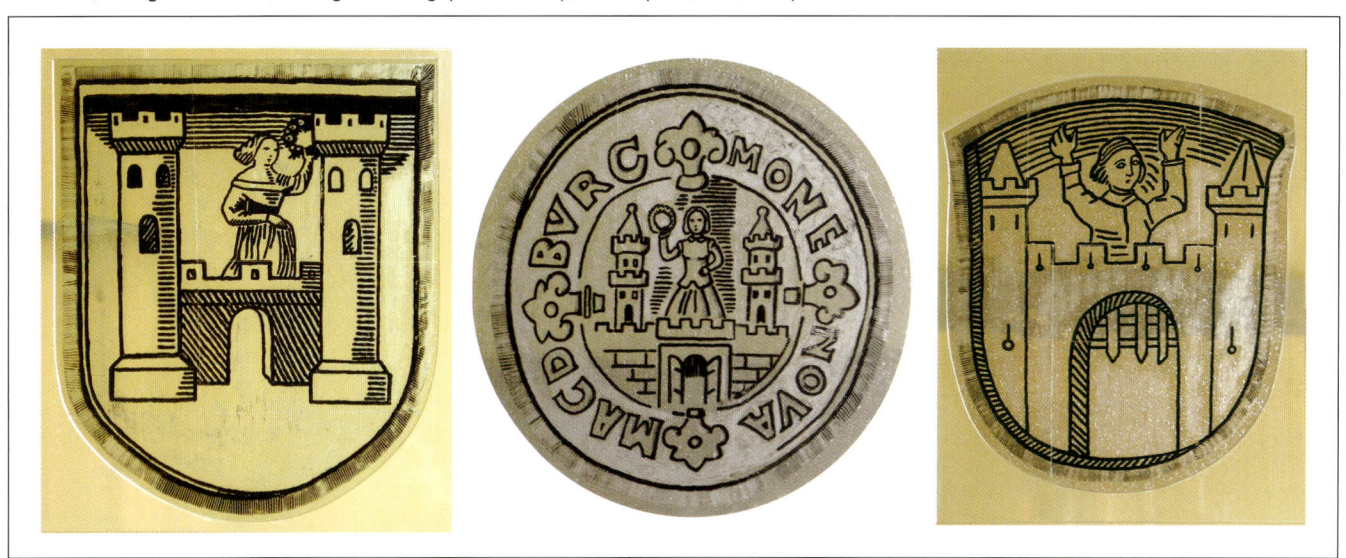

*Rathausfoyer mit Vitrinen zur Magdeburger Handwerkskunst (WRo)*

*Rathausfoyer mit Fotos von Georg Eduard von Flottwell (JKl)*

Foyer, Wolfgang Roßdeutscher
„Der Puppenspieler", 1987 (WRo)

Im Zuge der Rathaussanierung wurde der Teppich „Zunftzeichen" wiederentdeckt.
Mit dem in den Teppich eingewirkten Schriftzug „Verachtet mir die Meister nicht", ergänzt er vortrefflich die in den Vitrinen ausgestellten Exponate Magdeburger Zünfte.

Daneben vermitteln historische Fotos von Bau- und Kunstdenkmälern einen Eindruck vom Aussehen des Rathauses und der Bürgerhäuser am Alten Markt vor mehr als 100 Jahren. Die Aufnahmen fertigte Georg Eduard von Flottwell (1844 – 1894) an. Er hatte sein Atelier im Breiten Weg, und seine Fotos sind die einzigen dieser Zeit. Ein Stich vom Magdeburger Marktplatz von 1706 aus dem Stadtarchiv, fototechnisch bearbeitet und auf Leinwand gezogen, ergänzt die Serie. Auf dem Stich sind der Magdeburger Reiter, der Galgen und das Pferd erkennbar, den Roland gab es zu dieser Zeit schon nicht mehr.
Die für Fachwerkhäuser angefertigten Holzstützen aus dem 15. Jahrhundert, die Knaggen, die als Heiligenfiguren oder nur ornamental ausgebildet wurden, sind ein weiterer Beleg für die Magdeburger Handwerkskunst.

Mit zwei zeitgenössischen Plastiken wird der Bogen inhaltlich und handwerklich-künstlerisch zur Gegenwart gespannt. Heinrich Apels „Stehende Gewandfigur" von 1976 soll daran erinnern, dass die Seidenkramerinnung eine der bedeutendsten Innungen in der Stadt war.
Wolfgang Roßdeutscher stellt mit seiner Keramikplastik „ Der Puppenspieler" von 1987 die Selbstherrlichkeit der Partei und ihrer Verfechter mit satirischen Mitteln dar. Die Arbeit wurde vor 1989 nur in Privatausstellungen gezeigt.

### Galerieraum

Jens Elgner, Maler und Grafiker aus Blankenburg, studierte bis 1984 Architektur und Malerei an der Kunsthochschule

*Oskar Hamann, Glasgestaltung im Treppenaufgang (Ausschnitt), 1969 (DFrö)*

Berlin-Weißensee. Im Galerieraum stellt sich der Künstler mit vier farbigen Mischtechniken vor. Elgner gehört mit zu den wichtigsten Malern der Region. Seine Malereien sind in Ausstellungen im In- und Ausland zu sehen, aber auch in öffentlichen Räumen wie im Sozialministerium oder der Telekom. Elgner kommt vom Figürlichen. Er löst Formen auf und bringt wie hier stimmungsvoll Gleichnisse auf die Leinwand.

**Nordeingang**

Den Bereich des Nordeingangs, der auch vom Rathausfoyer gut einsehbar ist, „bewachen" General Friedrich Wilhelm von Steuben (1730 – 1794) und General Henning von Tresckow (1901 – 1944). Beide Militärs wurden in Magdeburg geboren, der Kampf für Freiheit verbindet sie. Gestalterisch findet dies in der formalen Gleichbehandlung der Büsten bezüglich Material, Sockel und Schrift ihren Ausdruck.

*Galerie, Jens Elgner „o. T.", 2002 (DFrö)*

Die Tresckowbüste ist ein Geschenk des Bundeswehrbezirkskommandos 81 an die Stadt Magdeburg aus dem Jahre 2004. Sie wurde vom Bildhauer Rudolf Schneider aus Altenahr-Kreuzberg gestaltet.

Die Steubenbüste schuf 1937 Konrad Pirntke (1894 – 1961). Er studierte von 1908 bis 1914 Malerei, Bildhauerei und Buchkunst an der Kunstgewerbe- und Handwerkerschule in Magdeburg.

## Franckesaal

In diesem Raum sind Arbeiten des Magdeburger Malers Jochen Aue zu finden. Es sind kleine Formate und Pastelle sowie Aquarelle, vorzugsweise in den Farben grün, blau, braun, gebrochen mit den Farben weiß und schwarz.
Motive findet der Landschaftsmaler Aue um Magdeburg und an der Ostsee.
Die Bilder im Franckesaal befanden sich vor der Sanierung des Rathauses im Hansesaal, deshalb das Motiv Ostsee. Das kleine Format und auch die zurückhaltende Farbigkeit erschien den Künstlern, die sich konzeptionell mit der Gestaltung nach der Sanierung befassten (Helga Borisch, Reginald Richter, Rudolf Purke) für das historische Tonnengewölbe geeignet, so dass sie hier ihren neuen Platz fanden.
Jochen Aue ist leidenschaftlicher Fossiliensammler und Autor von wissenschaftlichen Beiträgen. So entdeckte er im Eiszeitgeschiebe, das etwa 80 Millionen Jahre alt ist, eine neue Bryozoenart (Moostierchen), die nun nach Jochen Aue benannt wurde.

## Eike-von-Repgow-Saal

Hier sind zwei farbige Drucke des spanischen Künstlers Dali ausgestellt, die der Oberbürgermeister anläßlich der Dali-Ausstellung in Magdeburg 2005 erhielt. Salvador Dali (1904 – 1975), Schöpfer von surrealistischen Bildern und Plastiken, sah auch sein Leben als Kunstwerk. Nach seinem Tod 1989 erhielt der spanische Staat, so Dalis Testament, das gesamte künstlerische Werk.

## Treppenaufgang

Die doppelläufige Treppenanlage, die vom Galerieraum in das obere Geschoss führt, wird von zwei Glasapplikationen begleitet. Die beiden Farbglasgestaltungen auf Rillenornamentglas mit einer durchgängigen Höhe von fast vier Metern gehörten zu einer dreiteiligen Glasgestaltung des 2001 verstorbenen Künstlers Oskar Hamann (geb.1928). Sie bildete die Fensterfront zur Ostseite, die nun den Blick zur Johanniskirche freigibt.

## 1. Obergeschoss
### Foyer zum Sitzungssaal

Die Stadtsparkasse Magdeburg stellte der Stadt eine Reihe von Malereien und Grafiken für die Ausgestaltung des Rathauses zur Verfügung. Zwei in Farbe und Form beeindruckende großformatige Ölmalereien von Werner Liebmann, „Der Sturz" und „Geburt", befinden sich auf gegenüberliegenden Wänden im Foyer.
Liebmann wurde im thüringischen Königsthal 1951 geboren. Zunächst studierte er Chemie, bevor er sich 1976 an der Burg Giebichenstein als Kunststudent eintrug. Als ehemaliger Meisterschüler von Prof. Bernhard Heisig in Leipzig lehrt er nun selbst, zunächst in Dresden und seit 1993 an der Hochschule für Bildende Kunst in Berlin-Weißensee.

## Otto-von-Guericke-Saal

Das Herz des Rathauses, der Sitzungssaal, trägt nicht nur den Namen des langjährigen Bürgermeisters, sondern hier befindet sich auch das 1868 von Friedrich Reichert gemalte Gemälde „Otto von Guericke". Guericke war über dreißig Jahre Bürgermeister und mehr als fünfzig Jahre Ratsmitglied der Stadt Magdeburg. In der Geschichte eroberte er sich seinen Platz als Kommunalpolitiker, Diplomat, Naturwissenschaftler, Baumeister und Erfinder.

Franckesaal, Jochen Aue „Steilküste mit zwei Menschen", 1991 (DFrö)

## Bördezimmer

Die Bedeutung des Magdeburger Rechts für die Geschichte des mittel- und osteuropäischen Raumes ist unbestritten. Sein hoher Entwicklungsstand führte dazu, dass einzelne Privilegien für Magdeburger Kaufleute schon im 10. und 11. Jahrhundert als Vorbild für andere Orte im mitteldeutschen Raum dienten. Das 1188 neu gestaltete Magdeburger Recht, das im Wesentlichen ein Kaufmannsrecht war, breitete sich immer weiter aus – besonders im Raum zwischen Elbe und Oder, darüber hinaus in Schlesien, Preußen, Pommern, Polen, Böhmen, Litauen und in der Ukraine, also auch in Gebieten der heutigen EU-Erweiterung.

Die Akten des Schöffenstuhles verbrannten bei der Erstürmung Magdeburgs 1631. Erhalten geblieben ist das Siegel der Schöffen.

Die ausgestellten Fotos zeigen: Verbreitung des Magdeburger Stadtrechtes nach dem Osten, Denkmal des Magdeburger Rechts in Kiew, Stadtrechtsprivileg Erzbischof Wichmanns von 1188, Grabplatte Erzbischof Wichmanns im Dom von Magdeburg, Älteste Erwähnung Magdeburgs im Diedenhofer Kapitular von 805, Auszug aus einem Magdeburger Schöffenbrief von 1396.

Sowohl die Gestaltung dieses Raumes als auch die des Foyers zur Geschichte des Alten Marktes und der Magdeburger Handwerkskunst übernahm der Magdeburger Grafiker Rudolf Purke.

## Gotisches Zimmer/ Vorraum

Mit gestalterischen Mitteln werden das Gotische Zimmer und dessen Vorraum optisch mit drei Bildteppichen und zwei Skulpturen zusammengeführt: den Gobelins von Ingeborg Flierl „Viva la musica" und „Vier Jahreszeiten" sowie der Textilapplikation der Magdeburger Künstlerin Helga Borisch „Ausgang der Störchin". Thematisch wird die Applikation durch zwei Pastelle, „Mein Sohn – meine Tochter" und „Dieser junge Mann", ergänzt. Helga Borischs Bilder, Grafiken, Teppiche und Rauminstallationen zeichnen eine unverwech-

*Gotisches Zimmer mit Blick in das Bördezimmer, im Vordergrund Wolfgang Roßdeutscher „Dreiklang", 1990, im Hintergrund Magdeburger Recht (WRo)*

*Gotisches Zimmer, Ingeborg Flierl, Gobelin „Vier Jahreszeiten", 1973 (JKl)*

*Vorraum/Gotisches Zimmer, Helga Borisch, Textilapplikation „Ausgang der Störchin", 1992 (FBo)*

selbare Formensprache aus. Häufig von literarischen Vorlagen ausgehend, entwickelt die Künstlerin eine unbändige Fabulierlust und bereitet mit ihren skurrilen Figuren Freude. Helga Borisch studierte in Dresden an der Hochschule für Bildende Künste.

In Korrespondenz zu den Teppichen stehen die Bronzeplastik „Venus und Amor" von Heinrich Apel aus dem Jahre 1970 und der „Dreiklang" aus Keramik von Wolfgang Roßdeutscher von 1990.

Heinrich Apel, er studierte an der Burg Giebichenstein, ist Schöpfer zahlreicher Bronzeskulpturen: Rathaustür, „Die fünf Sinne" an der Südseite des Rathauses, Tür und Trümmerfrauen für die Johanniskirche, Denkmal für Hauptmann Belikow in der Ernst-Reuter-Allee, Westtür des Klosters, Türgriffe und Kultgegenstände für den Dom u.a.m.

Heinrich Apel schenkte im Juni 2001 der Stadt Haldensleben viele Plastiken, die über Jahre im eigenen Auftrag entstanden waren, aber auch wertvolle Arbeiten von anderen Künstlern der Burg Giebichenstein wie von Gustav Weidanz, Gerhard Marcks, Herbert Knispel, Albert Ebert und Gustav Seitz. Diese Kunstwerke sind in einer ständigen Ausstellung in den Räumen des Schlosses Hundisburg zu sehen.

Wolfgang Roßdeutscher studierte nach der Lehre als Steinmetz und Steinbildhauer von 1968 bis 1973 an der Hochschule für Bildende Künste Dresden. Nach dem Studium richtete er sich eine kleine Werkstatt in der Großen Diesdorfer Straße ein, ehe er 1979 vor den Toren der Stadt Magdeburg in einer alten Wassermühle seinen neuen Lebensmittelpunkt fand und genug Platz für die Arbeit am Stein. Sowohl sein Großvater, sein Vater als auch er selbst haben die Stadt mit ihren Skulpturen geprägt. Neben unzähligen kleinen Marmor- und Bronzeskulpturen schuf Wolfgang Roßdeutscher wichtige Arbeiten für den öffentlichen Raum. So entstand 1998 das Mahnmal in Erinnerung an die verfolgten und ermordeten Sinti und Roma in der Nähe des Magdeburger Domes.

## Wartefläche im Bereich des Oberbürgermeisters

1992 wurde Jens Elgner für die hier ausgestellten Handzeichnungen mit dem Preis des Oberbürgermeisters der Stadt Magdeburg ausgezeichnet. Elgners Arbeiten teilen sich nicht sofort dem Betrachter mit, sie sind spröde. Auch wenn der flüchtige Eindruck ein anderer ist, Elgner verweigert sich konsequent dem formalen Experimentieren. Jahrelange bildnerische Auseinandersetzung mit dem Bildgegenstand gehen seinen Arbeiten voraus.

Jens Elgners Arbeiten sind poetisch, gefühlvoll, aber auch politisch motiviert. So sind die Bildtitel wie „Landeplatz" von weitreichender inhaltlicher Tragweite.

Die Titel der anderen Handzeichnungen: „Landschaft", „Torso", „Kopf", „Das Mark", „Figur".

## Beratungsraum des Oberbürgermeisters

Manfred Gabriels Zeichnungen und Ölmalereien schmücken die Wände dieses Raumes. Gabriel studierte an der Fachschule für angewandte Kunst in Magdeburg und danach an der Burg Giebichenstein in Halle. Manfred Gabriel beschäftigt sich intensiv mit der menschlichen Figur, der Stadt und der Landschaft. Sparsam fügt er Bildelemente zusammen und konzentriert sich dabei auf das Wesentliche. Seine Malerei ist sensibel, fein komponiert und von hohem ästhetischem Reiz. Hier zu sehen sind: „Bäume an der Elbe", „Kloster Unser Lieben Frauen", „Bördelandschaft" und zwei Handzeichnungen zum Thema „Börde".

## Flur und Bereich des Oberbürgermeisters

1961 fertigte Heinrich Apel zwölf kleine Sandsteinreliefs für den Ratskeller, den Bischofssaal, an. Der Bildhauer wählte dafür Geschichten aus, die jeweils die zwölf Monate symbolisieren. Mit den Mischtechniken des um Jahre jüngeren Malers Jens Elgner geben sie dem Flur mit angrenzender Wartefläche eine angemessene Ästhetik.

Grafiken des im Huy lebenden Malers Hans-Hermann Rich-

*Wartefläche im Bereich des Oberbürgermeisters mit Handzeichnungen von Jens Elgner, 1992 (JKl)*

Bereich des Oberbürgermeisters, Manfred Gabriel
„Bördelandschaft (bei Niederndodeleben)", 1994
„Kloster Unser Lieben Frauen Magdeburg", 1993/94
„Bäume an der Elbe", 1994 (DFrö)

ter und der Berliner Künstler Joachim Böttcher und Werner Berges befinden sich neben den Malereien der Magdeburger Künstlerin Marianne Rusche (1878 – 1959) und Richard Kaiser (1868 – 1941) zum Alten Markt und zur Stromelbe gleichfalls im Bereich des Oberbürgermeisters.

## Beimszimmer

Heinrich Apels Zeichnungen für das Beimszimmer knüpfen an die Geschichte der Stadt und an persönliche Erlebnisse als „alter Magdeburger" an. Wie viele andere Magdeburger rettete auch Heinrich Apel viele Kunstwerke vor der endgültigen Zerstörung.
1966 fertigte er die Kopie des Magdeburger Reiters an und legte oft selbst Hand bei Sanierungsarbeiten am Dom an.
In seinen überwiegend in Bronze gefertigten Werken, wie 2001 mit dem Areal der Kaiserpfalz auf dem Domplatz oder 1982 mit der Tür zur Johanniskirche greift Heinrich Apel immer wieder Themen aus der Kulturgeschichte Magdeburgs auf. So auch in den Zeichnungen „Kaiser Otto und seine Frauen", „Arbeit an der Turmspitze des Magdeburger Domes", „Ausgrabung auf dem Domplatz", „Wiederaufbau des Magdeburger Reiters" und „Bildhauer meißelt die Stadtgöttin" für das Beimszimmer.

## 2. Obergeschoss
### Alemannzimmer

Im Alemannzimmer befinden sich sechs Malereien der Hallenserin Christiane Jung.
Christiane Jung, in Rathenow 1962 geboren, studierte zunächst an der Hochschule für industrielle Formgestaltung in Halle, ehe sie sich 1998 intensiv der Malerei zuwandte.
Für ihre ausgezeichneten Arbeiten erhielt die Künstlerin 2000 das Stipendium der Stadtsparkasse Magdeburg und die Möglichkeit, in einem der sieben städtischen Künstlerateliers in den Tessenowgaragen für ein Jahr zu arbeiten. Die ungegenständlichen, farbenprächtigen Malereien stellte die Stadtsparkasse Magdeburg als Leihgabe zur Verfügung.

Nach Abzug der sowjetischen Armee wurden im Rahmen der Bundesgartenschau 1999 die Garagen, die 1939 durch den Magdeburger Baumeister Heinrich Tessenow von einheimischen Handwerkern und mit Baumaterialien der Region gebaut wurden, zu Künstlerateliers ausgebaut.

Einen Schwerpunkt in den künstlerischen Überlegungen bildete die Rathausdiele als Veranstaltungsort, der durch die Öffnung der bisher zugemauerten großen Fenster zum Innenhof einen völlig neuen Charakter erhielt. Wandmalereien und Plastiken sollten dem lichtdurchfluteten Raum für Empfänge, Konzerte oder andere, der Rathausdiele angemessene Veranstaltungen einen repräsentativen Rahmen geben. Wie in keinem anderen Raum ist hier das Zusammenspiel von Architektur und bildender Kunst notwendig.
So bleibt zu hoffen, dass die Diele und andere repräsentative Bereiche des Alten Rathauses ebenfalls in absehbarer Zeit eine künstlerische Aufwertung erfahren.

*Flur im Bereich des Oberbürgermeisters, Heinrich Apel, aus der Reihe „Zwölf Monate", „Mai", 1987 (DFrö)*

# Von der „scharfen Ecke" zum Neuen Rathaus

Maren Ballerstedt

Verlässt man den Alten Markt an seiner Nordostecke, so fällt der Blick unweigerlich auf den repräsentativen Bau Bei der Hauptwache 4 mit dem Otto-von-Guericke-Denkmal im Vordergrund. Es ist das im neobarocken Stil errichtete Neue Rathaus, ein imposantes Sandsteingebäude, das den Platz dominiert. Die Inschrift „ERBAUT 1906" teilt die Entstehungszeit des Hauses mit.

## Von der Hauptwache und anderen alten Gebäuden

Gelegentlich wird vermutet, das Neue Rathaus war einst die Hauptwache, da es an der Straße mit dem Namen Bei der Hauptwache steht. Das viel ältere Hauptwachgebäude befand sich aber nicht an der Stelle des heutigen Neuen Rathauses, sondern erhob sich als gewaltiger, mehrgeschossiger Bau in der Mitte des davor liegenden Platzes, wo seit 1907 das Otto-von-Guericke-Denkmal steht. Das ursprünglich dort gelegene städtische Zeughaus hatte von 1723 bis in die 70er Jahre des 19. Jahrhunderts als Hauptwache gedient. Später war darin u. a. das Kaiserliche Postamt IV untergebracht. Der Magistrat erwarb das riesige Gebäude um 1890 vom Fiskus zurück, konnte jedoch nicht genügend Mieter finden. Herabfallender Putz und andere Unzulänglichkeiten ließen es zum Schandfleck werden. So wurde das Hauptwachgebäude 1895 abgerissen. An seine Existenz erinnert heute nur noch die Straßenbezeichnung. Bis zum Beginn des 19. Jahrhunderts war für den westlichen Teil des Platzes der Name Kleiderhof gebräuchlich, daneben auch Töpfermarkt, weil an Markttagen die Töpfer zeitweise hier ihren Stand hatten.[1] Der Name „Bei der Hauptwache" hat schließlich die anderen Bezeichnungen verdrängt.

Um 1900 genügten die Räume im Alten Rathaus und im benachbarten Gebäude Spiegelbrücke 1/2, in dem sich u. a. die Sparkasse und die Stadtbibliothek befanden, schon längst nicht mehr den Erfordernissen des Magistrats. So war zum Beispiel das Stadtarchiv in verschiedenen örtlich voneinander getrennten Räumen im Alten Rathaus untergebracht, das obere Zimmer „bis an die Decke mit Akten vollgestopft".[2] Der Neubau eines Hauses wurde immer dringlicher. Dazu eignete sich besonders die Nordseite der Straße Bei der Hauptwache, da das dort gelegene Grundstück Nr. 5 bereits der Stadt gehörte. Der Rat hatte das Haus im 17. Jahrhundert von Bürgermeister Gottfried Rosenstock erworben. Bis zum 19. Jahrhundert waren hier die Kommandantur und schließlich die königliche Intendantur untergebracht, zeitweise auch das Polizeibüro. Es war „drei Etagen hoch und acht Fenster breit".[3] Aufgrund einer Kabinettsorder ging es 1836 in das Eigentum des Militärfiskus über, wurde aber später wieder städtisch. 1903 beherbergte es u. a. die Gartenbauverwaltung, das Begräbnisbüro und den Stadtausschuss des Stadtkreises sowie das Büro der Invaliditäts- und Altersversicherung.

Am 26. Februar 1903 stimmte die Stadtverordnetenversammlung dem Antrag des Magistrats zum Ankauf der benachbarten Grundstücke Bei der Hauptwache 4 und 6 sowie Katzensprung 6 und 7 zu. Einschließlich des stadteigenen Hauses Bei der Hauptwache 5 sollten sie abgerissen werden, um Platz für das neu zu errichtende Geschäftshaus zu schaffen. Das Eckhaus Bei der Hauptwache 4 gehörte der Rentnerin Luise Weber geb. Harms. Darin befanden sich u. a. eine Hefehandlung, eine Blumen- und eine Möbelhandlung. Ursprünglich war es ein Schenkhaus, das den Namen „Zur scharfen Ecke" trug. Trinkstätten in einem Eckhaus hat man früher gern „scharfe Ecken" genannt.[4] Das Haus Bei der Hauptwache 6, in dem einst Handwerker lebten, gehörte 1903 der Witwe Dorothee Quasig. Auch die sich westlich anschließenden Grundstücke Katzensprung 6 und 7 waren im Besitz von Privatpersonen.

Nachdem der Magistrat die alten Gebäude 1903/04 angekauft hatte, ließ er sie einschließlich seines eigenen Hauses Bei der Hauptwache 5 sogleich abreißen.

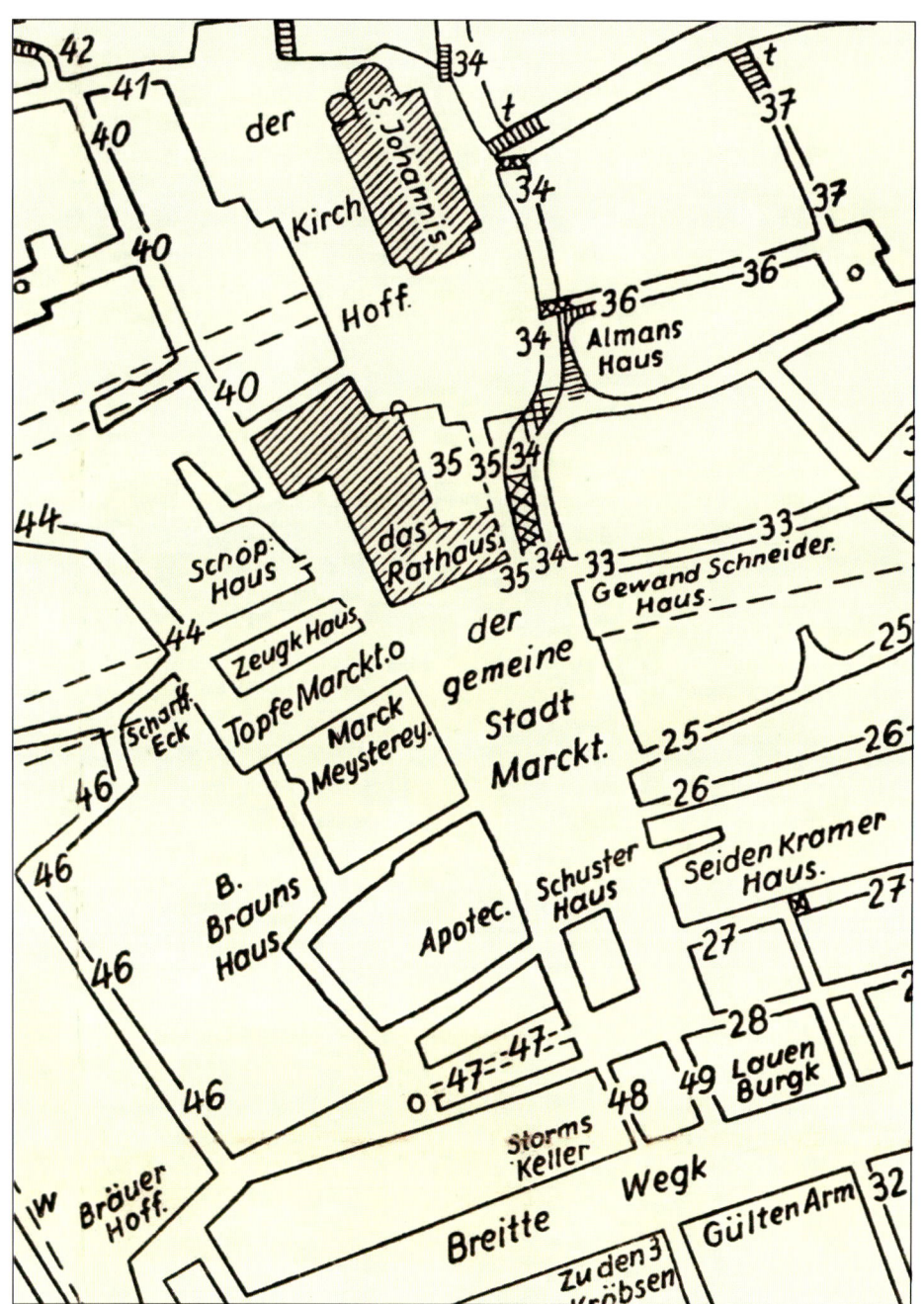

Ausschnitt aus Otto von Guerickes Plan der Stadt Magdeburg von 1632. Links vom Zeughaus ist das „Scharff Eck" eingezeichnet. Die Ziffer 34 bezeichnet den Förder, Ziffer 35 den „Kürschnerschrank" (vgl. Kapitel zur Geschichte des Alten Rathauses). Bürgermeister David Brauns besaß bis zu seinem Tod 1657 das Haus mit der späteren Bezeichnung Bei der Hauptwache 5. Von seiner Witwe erbte es 1674 Gottfried Rosenstock, der es dem Rat verkaufte. (StAM)

## Der Neubau beginnt

Im Mai 1905 konnte mit dem Neubau des Geschäftshauses begonnen werden. Die Pläne und die Baubeschreibung für das neue mehrstöckige Geschäftshaus unterzeichnete Stadtbauinspektor Wilhelm Berner, der u. a. einen elektrischen Personenaufzug vorsah. Auch die mehrfach überarbeiteten Raumverteilungspläne sind in den Akten des Stadtarchivs überliefert. Nach längeren Diskussionen entschieden die Stadtverordneten letztlich am 15. Mai 1907 folgende Verteilung der Diensträume: die städtische Sparkasse im Erdgeschoss, Standesamt Altstadt, Begräbnisbüro, Kaufmanns- und Gewerbegericht sowie weitere Verwaltungsräume im 1. Obergeschoss, Schulsekretariat, Stadtschulräte, Turninspektor, Schulregistratur sowie Stadtbibliothek und Stadtarchiv im 2. Obergeschoss, Gartenverwaltung und Statistisches Amt sowie wiederum Räume für Bibliothek und Archiv im 3. Obergeschoss.[5] Durch die einzelnen Geschosse hindurch zog sich das für damalige Verhältnisse moderne Regalsystem für die Akten des Stadtarchivs und die Bücher der Stadtbibliothek. Das obere in den Dachraum hineinragende Stockwerk wurde durch eine Massivdecke feuersicher abgeschlossen.

Das Haus war also von Anfang an für Teile der Verwaltung vorgesehen. Deshalb ist es auch schon in der Planung hin und wieder als Neues Rathaus oder Rathaus III bzw. drittes Rathaus bezeichnet worden.[6] Das zweite Geschäftshaus war das 1889 bis 1891 errichtete Gebäude Spiegelbrücke 1/2 hinter dem Alten Rathaus.

## Raumkunst Albin Müllers für das Trauzimmer

Der Neubau ging zügig voran. Im Verwaltungsbericht der Stadt 1906/07 ist zu lesen: „Der Neubau des Geschäftshauses der Sparkasse wurde im Rohbau vollendet, die Putzarbeiten im Innern sowie der Einbau der Eisenkonstruktion für die Büchergestelle des Archivs und der Stadtbibliothek sind hergestellt."[7] Bis zum 1. Oktober 1907 sollte das Haus fertig sein.

Für die Innengestaltung des Standesamtes konnte der bekannte Architekt und hiesige Kunstgewerbelehrer Professor Albin Müller (ab 1917 Albinmüller) gewonnen werden, der 1906 von der Elbestadt einem Ruf an die Künstlerkolonie Darmstadt folgte. Von dort führte Albin Müller mit der Stadt Magdeburg einen regen Schriftwechsel, denn er legte Wert auf die korrekte Einrichtung des Trauzimmers entsprechend seinen Vorgaben. Ein Detail des Zimmers war ein frei stehender Blumentischbrunnen mit Wasserzulauf und -ablauf. In einem Schreiben an den Magistrat vom 19. Juli 1907 kündigte Albin Müller seinen Besuch in Magdeburg an, um das Zimmer zu begutachten.[8]

In die Zeit der Fertigstellung des Neuen Rathauses fiel die Enthüllung des Guerickedenkmals. Im Frühjahr 1907 hatten die Stadtverordneten beschlossen, das Denkmal auf dem Platz vor dem bald vollendeten „Sparkassen-Neubau" aufzustellen. Bei der Denkmalseinweihung am 24. September wurden die Gattinnen der geladenen Gäste an den Fenstern des Alten Rathauses und der Sparkasse platziert. Damit möglichst viele Menschen an dem Festakt teilhaben konnten, standen hinter den Fenstern Podeste, so dass sich die Damen in mehreren Reihen hintereinander aufstellen konnten.[9]

## Sparkasse und städtische Ämter beziehen den Neubau

Ab November 1907 konnte das neue Geschäftshaus an dem gleichzeitig neu gepflasterten Hauptwacheplatz bezogen werden, zunächst von der Garten- und von der Schulverwaltung sowie vom Statistischen Amt. Im Dezember 1907 zogen Stadtausschuss und Sparkasse in das neue Gebäude ein, Anfang Januar 1908 das Standesamt, Mitte Januar/Anfang Februar die Stadtbibliothek, gleich anschließend, vom 5. bis 13. Februar 1908, das Stadtarchiv. Die Stadtbibliothek hatte einen Bestand von 37.704 Bänden zuzüglich 85 Bände der von ihr mit verwalteten Bibliothek des Harzklubs (Stand 31.3.1907). Bereits am 17. Februar 1908 konnte sie den Leihbetrieb im Neuen Rathaus aufnehmen. Die wertvollen Akten des Stadtarchivs wurden sicher im 1. bis zum 3. Obergeschoss gelagert, zum Beispiel das Archiv der Familie von Guericke im 3. Obergeschoss „in verschlossenem Schrank". Alle Urkunden des Archivs lagen „in verschlossenem Schranke" im 1. Obergeschoss. Das 4. Obergeschoss sollte als Reservemagazin vorläufig unbelegt bleiben.[10]

Etwa zu einem Drittel nahm die städtische Sparkasse das Gebäude in Anspruch. Zu ihr gelangte man durch den Haupteingang. Vestibül und Haupttreppenhaus waren mit Mar-

mor ausgestattet. Dem Haupteingang gegenüber befand sich im Erdgeschoss eine riesige Sparkassenhalle. Sie erhielt reichlich Licht durch genügend Fenster und drei Oberlichte.

Am Osteingang des neuen Gebäudes, durch den man zum Standesamt, zur Stadtbibliothek und zum Statistischen Amt gehen konnte, prangte eine Inschrift mit folgenden Worten: „Errichtet auf dem Grunde der ersten Stadtmauer". Bei den

*Südansicht des Dienstgebäudes Bei der Hauptwache 4-6, vor 1918 (StAM)*

vorbereitenden Arbeiten zum Neubau des Hauses waren unter den 1904 abgerissenen alten Kellern Reste einer breiten Mauer gefunden worden. Der damalige Stadtbaurat Otto Peters hat den Fund in den „Geschichts-Blättern für Stadt und Land Magdeburg" von 1905 beschrieben. Der Band enthält auch eine Abbildung der Baugrube mit den Mauerresten.

Bei der Fassadengestaltung des Neubaus hatte sich der Architekt an die Form Magdeburger Barockbauten angelehnt.[11] Das neobarocke Sandsteingebäude wird von einem Mansarddach abgeschlossen. Im Mittelfeld des großen Risalitgiebels hängt das Magdeburger Wappen. Über dem Eingang zum Neuen Rathaus ist das gevierte Wappen der Stadt Magdeburg zu sehen. Es wurde seit dem 16. Jahrhundert als „großes Wappen" neben dem einfachen verwendet. Auch am Eingang der Johanniskirche und an der Ostseite des Alten Rathauses befand sich zum Beispiel so ein „großes Wappen" mit dem gevierten Schild. Auf dem Schild sind über Kreuz das eigentliche Wappenbild der Stadt und eine Rose zu sehen. Zur Herkunft der Rose weist die Literatur unterschiedliche Meinungen aus. So wird auf den Zusammenhang mit dem Gut Neugattersleben, das die Stadt 1350 erworben hatte, verwiesen. Als die Stadt 1573 das Gut an die Herren von Alvensleben in Erbpacht gab, bestand eine Bedingung darin, dass „des Hauses Wappen, die Rose, bei der Stadt bleiben" solle.[12] Der Heraldiker Ludwig Clericus zog 1884 in Erwägung, dass es sich um die bekannte Lutherrose handeln könnte. Im Jahre 1524, als sich in Magdeburg die Reformation durchsetzte, ist die Rose tatsächlich auf einem Holzschnitt nachweisbar. Doch die Rose, die Martin Luther als Petschaft verwendete, ist mit einem roten Herzen, darin ein schwarzes Kreuz, belegt.[13] Das Rosenmotiv tritt häufig in Wappendarstellungen auf. Die fünfblättrige Rose versinnbildlicht in der christlichen Kultur Auferstehung und Freude. Die Verbindung von Rose und Christentum macht u. a. das Siegel auf einem Holzschnitt in der „Chronica Der Sachsen und Niedersachen" von Johannes Pomarius von 1589 deutlich. Die Inschrift lautetet: „Das Wort Gottes bleibt in Ewigkeit".

## Girozentrale-Kommunalbank und Mitteldeutsche Landesbank

Der öffentliche Bankbetrieb nahm das Haus Bei der Hauptwache 4-6 mehr und mehr in Anspruch. Zusammen mit dem Katzensprung 8 und 9 diente es seit Anfang 1923 als Sitz der 1915 gegründeten Girozentrale-Kommunalbank. Das war die Bankanstalt des Sparkas-

*Wappen über dem Eingang zum Neuen Rathaus (JKI)*

sen- und Giroverbandes für Provinz Sachsen, Thüringen und Anhalt, der ca. 295 Städte, Landkreise und Gemeinden mit ihren über 1.000 Sparkassen, Girokassen und kommunalen Banken nebst Zweigstellen in sich vereinigte.

Während die Sparkasse Magdeburg durch Gebäudetausch mit der Girozentrale-Kommunalbank inzwischen ihr Domizil in der Großen Münzstraße 6 genommen hatte und mehrere Zweigstellen betrieb, zogen auch die städtischen Dienststellen nach und nach aus dem Haus Bei der Haupt-wache 4-6 aus, zuletzt 1934 Stadtarchiv und Stadtbibliothek. Beide fanden im nahe gelegenen ehemaligen Gebäude der zuvor aufgelösten Loge „Ferdinand zur Glückseligkeit" im Neuen Weg (heute Weitlingstraße) Platz, während das Standesamt Altstadt ab 30. Januar 1930 wieder im Alten Rathaus untergebracht war. Auch der 2. Bürgermeister, der sein Dienstzimmer bis in die 20er Jahre im Neuen Rathaus hatte, zog in das Alte Rathaus.

*Geburtenanmeldung des Standesamtes im Alten Rathaus, 1930 (StAM)*

*Blick vom Neuen Weg auf die Apfelstraße 9 im Jahre 1929. Damals befanden sich hier die „Altstädter Bürgersäle". (StAM)*

1928 schloss sich die Girozentrale für Provinz Sachsen, Thüringen und Anhalt in Magdeburg mit der Sächsischen Provinzialbank in Merseburg zur Mitteldeutschen Landesbank, Girozentrale für Provinz Sachsen, Thüringen und Anhalt mit Sitz in Magdeburg zusammen. Der von der Hauptwache 4–6 aus zu koordinierende Geschäftsbereich hatte sich somit erheblich ausgedehnt.

## Eisenbarts Haus – „Altstädter Bürgersäle" – Bankgebäude

Pläne zu einem Erweiterungsbau des Hauses Bei der Hauptwache 4–6 waren schon wenige Jahre nach dessen Fertigstellung vorhanden. Der Andrang des Publikums in der damaligen Sparkasse war zu gewissen Zeiten derartig groß, dass Personen, die ein Sparkassengeschäft abzuwickeln hatten, drei und vier Stunden warten mussten, ehe sie an die Reihe kamen. „Es gab sogar einzelne Personen, auf die der stundenlange Aufenthalt in dem von Menschen erfüllten Kassenraume auch gesundheitlich nicht ohne Einfluß blieb."[14] Zudem zeichnete sich wachsender Raumbedarf der Bibliothek und des Archivs ab. Um die Voraussetzungen für ein neues Gebäude zu schaffen, hat die Stadt im Einvernehmen mit dem Sparkassenvorstand 1918 entschieden, den gesamten Grundstückskomplex hinter der Hauptwache 4-6, soweit die Grundstücke ihr noch nicht gehörten, anzukaufen. Das betraf die Grundstücke Apfelstraße 5-10 b, Neuer Weg 18, 20 und 21 sowie Katzensprung 10. Der Erwerb ist in der folgenden Zeit auch realisiert worden. Den Ankauf des unmittelbar hinter dem Haus Bei der Hauptwache 4-6 gelegenen Grundstückes Apfelstraße 9 hatte der Magistrat sogar schon 1915 mit dem Eigentümer, dem Schankwirt Friedrich Müller, vereinbart.[15] Die Apfelstraße 9 beherbergte damals die Gastwirtschaft „Richardts Festsäle". Die Eigentumsübertragung an die Stadt erfolgte im Oktober 1919. Der Gaststätten- und Saalbetrieb wurde 1920 eingestellt, um in dem Haus Büroräume zu schaffen. Die großen Pläne der Stadt zur Neubebauung des gesamten Komplexes konnten aufgrund der finanziellen Situation jedoch nicht verwirklicht werden. Und

so wurde Ende 1924 der Gaststätten- und Saalbetrieb in der Apfelstraße 9 wieder aufgenommen, jetzt unter dem Namen „Altstädter Bürgersäle". Laut Adressbuch von 1926 war in dem Haus, das weiterhin der Stadt gehörte, auch die Krankenkasse der Stadt Magdeburg untergebracht. Wer noch Mitte der 30er Jahre den Garten hinter dem Haus betrat, glaubte sich allerdings um einige Jahrzehnte in der Zeitrechnung zurückversetzt, denn inmitten vieler Bürohäuser ringsum tat sich hier ein Idyll auf. Doch das Gebäude Apfelstraße 9 wurde Ende 1936 abgerissen, um Platz für den nun zu errichtenden Anbau für die Mitteldeutsche Landesbank zu schaffen.[16] Der war besonders deshalb dringend erforderlich, da sich die Anzahl der Angestellten der Mitteldeutschen Landesbank bis Mitte der 30er Jahre auf über 300 erhöht hatte und außerdem noch etwa 80 Angestellte des Mitteldeutschen Sparkassen- und Giroverbandes unterzubringen waren.[17]

Außer der Apfelstraße 9 fielen seit November 1936 noch neun andere Häuser in der Apfelstraße und im Neuen Weg dem Abriss zum Opfer. Deren Einwohner sind in von der Bank finanzierte Neubauten eingezogen.

1938 war der nach Plänen des Architekten Paul Schaeffer-Heyrothsberge errichtete nördliche Anbau der Mitteldeutschen Landesbank vollendet. Die feierliche Einweihung des Neubaus fand erst am 9. Juni 1939 statt. Schaeffer-Heyrothsberge hatte für diesen Anbau im Neuen Weg noch ein weiteres Stockwerk vorgesehen, das aber durch Schwierigkeiten auf dem Baumarkt vereitelt wurde. Für die Folgezeit war ein weiterer Anbau an der Apfelstraße geplant, der den zum Garten umgestalteten Hof einschließen und vom jetzigen Anbau im Neuen Weg aus beheizt werden sollte. Die Kriegsereignisse ließen das Vorhaben scheitern.

Der Erweiterungsbau im Neuen Weg wurde mit dem gleichen Material wie das damals umgestaltete Haupthaus verkleidet, mit schlesischem Sandstein. Neu waren die von der Gartenseite zu erreichenden Fahrradunterstände und Kleiderablagen im Keller, bezeichnenderweise auch Luftschutzräume. In der Kassenhalle des Neubaus arbeiteten 145 Menschen.[18]

An der Ostseite des Neubaus kann man heute noch das

*Lageplan des geplanten Erweiterungsbaus der Mitteldeutschen Landesbank, 1936. Das Hauptgebäude ist blau gekennzeichnet, der Erweiterungsbau rot. Die gelb gekennzeichneten Gebäude waren für den Abriss vorgesehen. (StAM)*

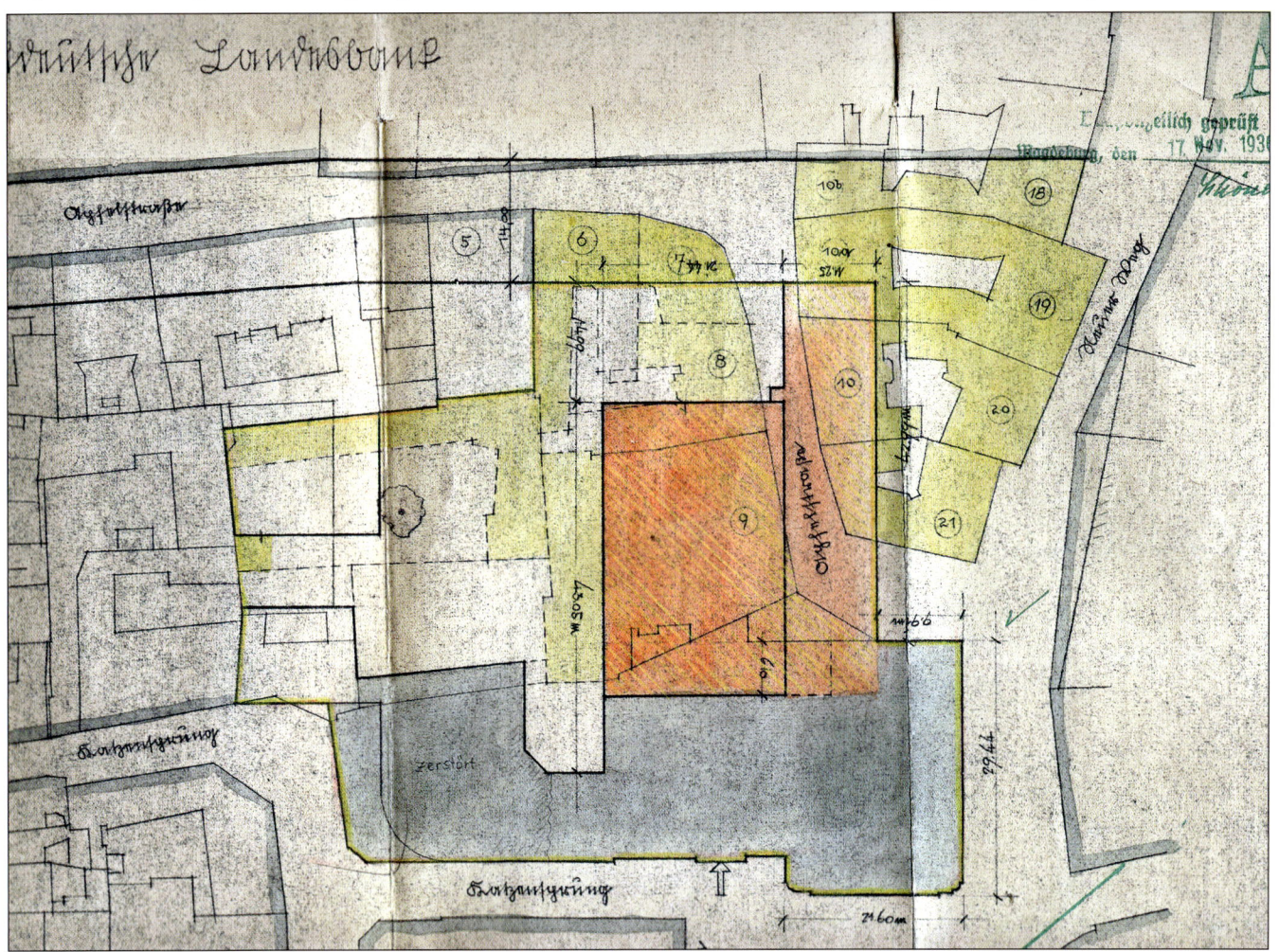

Hauszeichen „Zum güldnen Apfel" betrachten, während die Tafel mit der Aufschrift „Hier wohnte Doktor Eisenbart von 1703 bis 1727", die während des Abbruchs des Hauses Apfelstraße 9 entdeckt wurde, nicht mehr zu sehen ist. Im Jahre 1703 hatte der damals schon angesehene Operateur Johann Andreas Eisenbart das Haus „Zum güldnen Apfel" erworben. Auf dem Grundstück gründete Eisenbart eine Arzneimittelfabrik. Er entwickelte und fabrizierte hier neue Medikamente, versorgte Kranke und führte Operationen durch – 1895 musste das Eisenbarthaus einem anderen Bau weichen, der nun dem Anbau für die Mitteldeutsche Bank Platz zu machen hatte. Seit 1939, genauer seit der Einweihung des Anbaus, erinnert der von der Mitteldeutschen Landesbank gestiftete und von Fritz von Graevenitz, Stuttgart, geschaffene Brunnen in der Nische zwischen dem Haupthaus und dem Anbau an Johann Andreas Eisenbart.

*„Richardts Festsäle" in der Apfelstraße 9, später „Altstädter Bürgersäle", an deren Stelle sich seit 1938 der Nordanbau erhebt. (EBu)*

E. Baensch jun., Magdeburg 817    Richardts-Festsäle, Magdeburg, Apfelstr. 9.   Inh.: Fr. Müller.
— Telephon Nr. 899. —    Grosser Festsaal.

*Nordanbau des Gebäudes Bei der Hauptwache 4 - 6 vom Neuen Weg aus gesehen, 1940. In der Ecke zwischen Haupthaus und Erweiterungsbau ist der Eisenbartbrunnen zu sehen, rechts die meterhohe Figur des Hermes. (StAM)*

Die 1,35 Meter hohe Plastik wurde in der Kunstgießerei Franz Burger in Stuttgart-Untertürkheim hergestellt.[19] 1998 wurden die Bronzefigur und die Sandsteinsäule, auf der sie steht, restauriert und die Pumpanlage erneuert. Die seitlich angebrachten Bronzeplatten geben Szenen aus dem Wirken Eisenbarts und Texte des Eisenbart-Liedes wieder:

*"Ich bin der Doktor Eisenbart,*
*Kurir die Leut' auf meine Art,*
*Kann machen daß die Blinden gehn,*
*Und daß die Lahmen wieder sehn."*

*Eisenbartbrunnen mit Hauszeichen „Zum güldnen Apfel" im Hintergrund, 1939 (StAM)*

*Hauszeichen am Gebäude Apfelstraße 9, 1929 (StAM)*

## Unter dem Schutz von Hermes

Ebenfalls 1939 wurde am fensterlosen Ende des nördlichen Anbaus ein mehrere Meter hohes Flachrelief aus Sandstein angebracht. Es ist die Symbolfigur des griechischen Gottes Hermes, schwebend mit Heroldsstab und Flügelhelm. Hermes gilt unter anderem als Gott der Wege, Schutzherr der Wanderer sowie als Gott des Handels und Marktes bzw. des Geldverkehrs. Er war einst auf oder an so manchem Magdeburger Zunft- oder Handelshaus angebracht. Für die Mitteldeutsche Landesbank hat die Figur der Künstler Richard Horn aus Halle geschaffen.[20] Über der Tür zur Apfelstraße symbolisierten schmiedeeiserne Ornamente die Magdeburger Hauptwirtschaftszweige – der Merkurstab den Handel, ein Dreizack die Schifffahrt, ein Hammer Industrie und Handwerk und die vier Ähren die Landwirtschaft. Ein Bienenkorb verkörperte den Fleiß.[21] Ein von Prof. Thol aus Berlin geschaffenes Wandgemälde im Nebeneingang von der Apfelstraße aus erzählte von der Geschichte der Apfelstraße.[22]

Während die Figur des Hermes und das Hauszeichen „Zum güldnen Apfel" die Zeiten überdauerten, entsprechen Dach und Fenster des Nordanbaus heute nicht mehr dem Zustand aus der Zeit seiner Erbauung. Das Satteldach mit Ziegeldeckung wich nach 1945 einem Flachdach.

## Wieder ein Sitz städtischer Verwaltung

Im 2. Weltkrieg trug das Hauptgebäude Bei der Hauptwache 4-6 schwere Schäden davon. Fotos künden von den Brandschäden. Am 9. Oktober 1946 vermerkte die Städtische Bauverwaltung: „Das ausgebrannte Hauptgebäude sowie der weniger zerstörte Teil des Nebengebäudes am Neuenweg soll wiederhergestellt werden ... Im Hauptgebäude wird im Erdgeschoß die Kämmereikasse, im Nebengebäude die Telefonzentrale eingerichtet. Im 1. und 2. Obergeschoß sind im Nebengebäude die großen Räume durch Leichtsteinwände in kleinere Räume aufgeteilt worden."[23] Das Haus wurde bald soweit instand gesetzt, dass es Teile der Verwaltung aufnehmen konnte. Aus einem Schreiben des Hochbauamtes vom Mai 1949 geht hervor, dass das 1. Obergeschoss des Hauptgebäudes für die Hauptverwaltung KWU (Kommunalwirtschaftsunternehmen) hergerichtet werden soll.[24] Im Frühjahr 1951 ging das Gebäude in Eigentum des KWU über. Im Adressbuch von 1950/51 sind alle Gebäude der Straße Bei der Hauptwache, außer dem jetzigen Neuen Rathaus, als unbewohnt ausgewiesen. In dem Gebäude 4-6 aber waren die Hauptverwaltung und die Grundstücksverwaltung des KWU und erneut das Stadtarchiv, diesmal mit den Magazinen jedoch im Keller, untergebracht. Das Haus, das Anfang 1955 Eigentum des Volkes/ Rat der Stadt wurde, blieb ein Sitz der Stadtverwaltung. Es beherbergte außer dem Stadtarchiv u. a. die Örtliche Versorgungswirtschaft, die Abteilung Staatliches Eigentum, die Abteilung Finanzen, vorübergehend das Standsamt, dann die Urkundenstelle des Standesamtes, die Abteilung Inneres des Rates der Stadt, das Liegenschaftsamt, die Vervielfältigungsstelle und die Telefonzentrale, die sich heute noch hier befindet. Auch hatte in den 50er Jahren der Stadtfunk sein Studio in diesem Haus. Die hier zusammengestellten und gesprochenen Texte und Veranstaltungshinweise, teils Interviews und musikalische Stücke, konnten tagsüber von den überall in der Stadt aufgestellten Tonsäulen gehört werden. Sie betrafen v. a. kommunalpolitische Belange sowie kulturelle und sportliche Ereignisse.[25]

Aus Platzmangel wurden im Haus viele Zwischenwände gezogen, auch Teile des Flures abgetrennt. Vor dem Bezug des wieder aufgebauten Alten Rathauses 1969 hatte der Oberbürgermeister seinen Sitz in diesem Verwaltungsgebäude. Mit Errichtung des Dienstgebäudes an der Ostseite der Straße Bei der Hauptwache in den 60er Jahren (Haus III) erhielt das Gebäude an deren Nordseite den unspektakulären Namen „Haus IV". Die ehemalige Sparkassenhalle im Erdgeschoss diente bis Anfang der 90er Jahre als Kantine.

Umfassende Sanierungsarbeiten fanden unter Beachtung des Denkmalschutzes erst nach der Wende statt. Es erfolgte zunächst der Einbau eines Fahrstuhls, neuer sanitärer Anlagen, dann die aus Sicherheitsgründen dringend erforderliche Fassadensanierung mit Einbau neuer Fenster und schließlich die Innenraumsanierung des Hauses. Und so präsentiert sich das Gebäude dem Betrachter heute in alter Schönheit. Es beherbergt außer dem Stadtarchiv die Verwaltungsbibliothek (seit 2003) und seit jüngster Zeit den Stadtordnungsdienst sowie den Fachdienst Ordnungs- und Gewerbeangelegenheiten. Vom Herbst 2003 bis 2005 war das Gebäude, das seit dem Jahr 2000 die Hausanschrift

Bei der Hauptwache 4 und nicht mehr 4-6 trägt, vorübergehend Sitz des Oberbürgermeisters Dr. Lutz Trümper, der Stadtratsfraktionen, des Amtes für Öffentlichkeitsarbeit und Protokoll sowie des Behinderten- und des Seniorenbeauftragten, da in dieser Zeit das Alte Rathaus saniert wurde. Damals erhielt das Haus IV offiziell den Namen „Neues Rathaus". Der Oberbürgermeister nahm bis 1. No-

*Gebäude Bei der Hauptwache 4 - 6 im Jahre 1946 (StAM)*

vember 2005 seine Amtsräume in den östlichen Räumen des 1. Obergeschosses. Von jenen Persönlichkeiten, die damals im Neuen Rathaus empfangen wurden, um sich in das „Goldene Buch" der Stadt Magdeburg einzutragen, sollen UNO-Friedensbotschafterin Jane Goodall und Telemannpreisträger Nikolaus Harnoncourt genannt werden.

Der nördliche Anbau des Neuen Rathauses, in dem bis Ende 2002 das Liegenschaftsamt saß, dient seit Anfang 2003 fast ausschließlich als Magazin für das Stadtarchiv. Entsprechend dem Grundsatzbeschluss des Stadtrates zur endgültigen Unterbringung des Stadtarchivs im Neuen Rathaus vom 29. September 2005 sind speziell im Bereich des Nordanbaus in den nächsten Jahren umfangreiche Neuerungen zu erwarten.

*Vera Wopp und Hermann Marmuth (stehend) mit einem Gast beim Stadtfunk, der im Gebäude Bei der Hauptwache 4-6 seinen Sitz hatte. (StAM)*

## Anmerkungen

1   Vgl. Dittmar, S. 87; Neubauer 1931, S. 167.
2   StAM, Rep. A II R 51, Bl. 21.
3   Berghauer, Teil 1, S. 104.
4   Vgl. Neubauer 1931, S. 169. Neubauer verwirft Berghauers Erklärung, nach der die Bezeichnung von einem „scharfen Gefecht" an diesem Ort am 10. Mai 1631 herrühre.
5   Vgl. StAM, Bauakte Bei der Hauptwache 4-6, Bd. 1, Bl. 18ff.; Rep. A II R 51.
6   Vgl. z. B. Verwaltungbericht 1906/07, S.1.
7   Verwaltungsbericht 1906/07, S. 348.
8   Vgl. StAM, Rep. A II R 51, Bl. 210-214, 219.
9   Vgl. StAM, Rep. A III 34.8 b.
10  Vgl. Verwaltungsbericht 1907/08, S. 267.
11  Vgl. StAM, Bauakte Bei der Hauptwache 4-6, Bd. 1, Bl. 22.
12  Zit. nach Neubauer 1926, S. 5
13  Vgl. Clericus; Neubauer 1926, S. 4f.
14  StAM, Rep. 35 He 27, Drucksache des Magistrats v. 14.3.1918.
15  Vgl. StAM, Rep. 35 He 27, Bl. 144.
16  Vgl. StAM, Bauakte Bei der Hauptwache 4-6, Bd. 3; Bauakten Apfelstr. 7- 9; Adressbuch 1939, S. 10.
17  Vgl. Magdeburgische Zeitung v. 8.6.1939.
18  Vgl. ebd.; Der Mitteldeutsche v. 8.6.1939.
19  Vgl. Magdeburger General-Anzeiger v. 10.6.1939.
20  Vgl. Magdeburgische Zeitung v. 7.6.1939.
21  Vgl. ebd. v. 18.2.1942.
22  Vgl. ebd. v. 8.6.1939.
23  StAM, Bauakte Bei der Hauptwache 4-6, Bd.5.
24  Vgl. ebd., Bd. 1.
25  Mitteilung von Frau Vera Wopp, April 2006. Sie war von 1953 bis 1956 beim „Stadtfunk" tätig.

# Neuer Glanz für Magdeburgs Rathäuser – Die Sanierung des Alten und des Neuen Rathauses in der Zeit von 1990 bis 2005

Chris Wasser

## Sanierung des Alten Rathauses

Mit der Wiedervereinigung Deutschlands 1990 ergaben sich neue politische und verwaltungstechnische Strukturen, die auch für die Funktion und Nutzung des Alten Rathauses neue Überlegungen erforderten. Hinzu kamen vorhandene Bauwerkschäden und die notwendige Berücksichtigung der neuen Baubestimmungen und -verordnungen. Seit der letzten Generalsanierung des altehrwürdigen Hauses waren immerhin schon mehr als 20 Jahre vergangen.
Es wurde also Zeit für eine komplexe Verjüngungskur dieses historischen Kleinods der Stadt.

Die Geschichte dieser Verjüngungskur begann Anfang der 90er Jahre des vergangenen Jahrhunderts. Das Hochbauamt der Landeshauptstadt führte umfangreiche Bauwerkuntersuchungen und Entwurfsstudien zur Umgestaltung und Generalsanierung durch. Die ersten Ergebnisse dieser Untersuchungen führten zu der Entscheidung, dass noch vor dem Beginn einer generellen Umgestaltung wichtige Teilbaumaßnahmen zur Erhaltung und Nutzung des Gebäudekomplexes realisiert werden müssen.
Dazu gehörten zunächst die Neueindeckung der Rathausdächer, die umfangreiche Sanierung des Ratskellers, der Einbau technischer Anlagen und der Anbau eines behindertengerechten Eingangs einschließlich eines Aufzuges im Haus II, also im Südflügel des Alten Rathauses. Als wichtigste Sanierungsnotwendigkeit wurde somit der obere Abschluss des Gebäudes zum Schutz gegen Niederschläge durchgeführt.
Ein Rathaus ohne kulinarische Versorgung in Form einer Ratskellergastronomie mit weit zurückreichender Tradition im historischen Ambiente ist nicht denkbar und bedarf dementsprechend besonderer baulicher Betrachtung. Mit der umfangreichen Teilsanierung des Ratskellergastraumes und der angrenzenden Küche mit Lager und weiteren Funktionsräumen war 1991/1992 der erste Schritt einer Aufwertung eines innenliegenden Bereiches gemacht. Um dem Fortschritt energiesparender Technik und den neuen Vorschriften zu entsprechen sowie die Betriebskosten des Objektes zu minimieren, wurden umfangreiche technische Teilsa-

*Gepflegte Atmosphäre im Ratskeller (JKl)*

(GSe)

nierungen und Neuinstallierungen vorgenommen, zum Beispiel eine aufwendige Lüftungsanlage für die unterirdischen Ratskellerbereiche installiert.

Ein wichtiger Aspekt für die uneingeschränkte und behindertenfreundliche Nutzung des Gebäudes war der Einbau einer Aufzugsanlage für die Mitarbeiter und Gäste des Hauses mit neuem Eingangsbereichvorbau für die Windfangfunktion und Pförtnerloge am Südeingang. Die technische Umsetzung dieser Baumaßnahmen in dem strukturellen Kleinplattenbausystem stellte eine Meisterleistung dar. Es

wurde hier durch das Absenken der erhöhten Erdgeschossebene (halbes Geschoss) auf Straßenniveau eine stufenlose Zufahrt bis zum Aufzug gewährt.

Diese ersten investiven Maßnahmen in den Jahren 1992-97 wurden mit über 2,5 Mio. EUR umgesetzt. Das war aber nur der erste Akt für das Rathaus der Zukunft.

Jetzt konnten und mussten die weiteren Aufgaben zur komplexen Umgestaltung und Sanierung des Gebäudes in Angriff genommen werden, denn der erreichte Sanierungsstand konnte in seiner Kleinteiligkeit nicht über die weiterhin be-

*Ratskeller (DFrö)*

stehenden großen raumstrukturellen, baumängelbehafteten und technischen Einschränkungen hinwegtäuschen, die das Gebäude weiterhin in seiner Funktion als „Erstes Haus der Stadt" enorm einschränkten. Es war zum Beispiel nicht möglich, bei Stadtratsitzungen zwischen den Gebäudeteilen I und II zu kreuzen. Man musste die Ebenen wechseln und im Prinzip an dem Gebäude außen herum gehen, um schnellstmöglich zu seinem Ziel zu gelangen.

Mit der Bestätigung durch den Stadtrat im Dezember 2001 begann die intensive Planung und Realisierung des Gesamt-umbaus und der Sanierung des Alten Rathauses zum 1200-jährigen Stadtjubiläum Magdeburgs im Jahre 2005. Vorbei die Zeit der Illusionen, jetzt waren konkrete Taten gefragt. Die Zeit war angesichts dieser gewaltigen Aufgabe nun äußerst eng bemessen.

Die zu bewältigende Aufgabe war nicht zu vergleichen mit anderen Großprojekten im Sanierungsbereich. Aufgrund einer Vielzahl an Nutzern, wie Oberbürgermeister, Stadtrat, Fraktionen, Geschäftsstellen, Beauftragte der Stadt usw., sowie der Berücksichtigung des öffentlichen Status des

*Sanierte und verglaste zweizügige Arkadenhalle, 2006,*
*links: innenliegende Halle von Norden, rechts: marktseitige Halle von Süden. (JKl), (JBu)*

Rathauses standen die Verantwortlichen vor einer großen Herausforderung.

Aus eigener Kraft nahm sich die Landeshauptstadt vor, diese gewaltige Aufgabe zu schultern.

Die Aufgabenstellung war klar. Hier sollte ein offenes, transparentes, modernes Zentrum für die Spitze der Verwaltung und für die Bürgerinnen und Bürger Magdeburgs und ihre Gäste entstehen. Das Rathaus sollte nach Vollendung den Stolz der Bürgerschaft auf ihre Heimatstadt würdig symbolisieren. Eine aufstrebende Stadt sollte sich in diesen alten traditionsreichen Mauern widerspiegeln.

Mit der europaweiten Ausschreibung der Planungsleistungen nach VOF für die zu beauftragenden Planungsbüros im Jahre 2002 folgte nach zweijähriger Planung und europaweiter Ausschreibung der Bauleistungen nach VOB der Baubeginn pünktlich wie im Bauablaufplan vorgesehen am 1. Oktober 2003.

Die Resonanz auf die Ausschreibung, das Rathaus einer Landeshauptstadt sanieren zu dürfen, war unerwartet groß. Mehr als 200 Planungsbüros europaweit hatten sich für die anspruchsvolle Aufgabe beworben. Nach einem langwierigen Auswahlverfahren konnte sich letztendlich ein Büro aus der Landeshauptstadt Magdeburg, das Architekturbüro BKSP, durchsetzen.

Nach über drei Jahrzehnten Nutzung nach dem Wiederaufbau bedurfte es neben der konstruktiven Werterhaltung dringend einer umfassenden Überarbeitung und Modernisierung der Gesamtstruktur des Rathauses. Die räumliche Aufteilung erfuhr eine strukturelle Neuordnung, welche den Funktionen und dem Bedarf eines modernen Rathauses entspricht. So entstand in Umsetzung des Gedankens eines „gläsernes Rathauses" durch Transparenz und Offenheit eine neue, übersichtliche und besucherfreundliche Gesamtstruktur.

Die sanierte Arkadenhalle mit der transparenten Glasfassade zwischen den Säulen bildet einen großzügigen Eingangsbereich vom Alten Markt aus und bietet Platz für repräsentative Ausstellungen. Sie bildet gleichzeitig die „sanfte" Überleitung zwischen dem Freibereich Alter Markt und dem Gebäudeinneren. Auch der neu gestaltete Innenhof und die restaurierten Gewölberäume im nördlichen Flügel dienen öffentlich zugänglichen Ausstellungen und Veranstaltungen.

Die Wiederöffnung und die Herstellung der Zugänglichkeit der Gewölbestrukturen im Erdgeschoss im Bereich der ehemaligen, seit 1990 nicht mehr genutzten Warmküche war ein wichtiger Teil der Sanierung des Ratskellers. Die Räumlichkeiten wurden durch den Rückbau der Einbauten (raumhohe Kühlzellen und Kochtischfundamente) wieder in ihren ursprünglichen Zustand versetzt. Diese Gewölbestrukturen bilden nun den neuen Empfangs- und Ausstellungsbereich. Hier, wo früher Kochdünste die Sicht einschränkten, ist nun einer der beeindruckendsten neuen öffentlich zugänglichen Bereiche entstanden.

Die Verteilung der Besucherströme im Hause konnte durch den Neubau einer sehr repräsentativen großzügigen Treppenanlage mit ausgestellten Sitzstufen, ähnlich wie in einem Stadion, im Nordflügel erreicht werden. Dieses „Herzstück" der Wegebeziehungen verbindet die neu geschaffenen Funktionsbereiche im Erdgeschoss mit den sanierten Räumlichkeiten in den Obergeschossen. Gleichzeitig kann diese „Arena" in ihrer Doppelfunktion als Sitzmöglichkeit oder als Aktionsfläche genutzt werden.

Hauptaugenmerk verdient jedoch der ebenfalls neu gestaltete und mit modernen Kommunikationsmitteln ausgestattete Ratssaal im Obergeschoss mit Besuchergalerie. Besondere Berühmtheit erlangte die hinter dem Präsidium im Ratssaal aufragende blaue Akustikwand, welche gleich einer „Blue Box", sich mächtig in den Vordergrund schiebt. Neben der konstruktiven Funktion zur Verbesserung der Sprachwiedergabe im Raum stellt sie auch gleichzeitig ein raumkleidendes Element dar.

Der Galeriebereich wurde in historischer Anlehnung als einseitige Anlage komplett neu im östlichen Bereich des Ratssaales eingebaut. Es stehen drei Sitzreihen, welche barrierefrei über einen neuen Aufzug zu erreichen sind, zur Verfügung. Von hier aus kann der Besucher nun ganz genau alle Aktivitäten der Stadtratssitzungen von „oben" durch eine gläserne Brüstung verfolgen.

Den Nutzern des Rathauses stehen nun auch moderne Büroräume und Sanitäranlagen sowie acht Beratungsräume mehr zur Verfügung als vor der Sanierung.

Die baulichen Veränderungen mit grundlegenden Eingriffen

in die vorhandene Bausubstanz zur brandschutztechnischen Ertüchtigung und technischen Erneuerung waren gekennzeichnet durch den Einbau neuer Treppenhäuser und Aufzüge sowie neuer behindertengerechter Erschließungswege und Versammlungsräume. Gleichzeitig sind die haus– und betriebstechnischen Bereiche Heizung, Lüftung und Sanitär nahezu komplett erneuert worden. Als technische Besonderheit ist vor allem die für die Einhaltung der brand-

schutztechnischen Auflagen notwendige Feinvernebelungsanlage zu erwähnen. Im Bedarfsfall kommt sie nur mit einem Viertel der Wassermenge aus wie eine Sprinkleranlage.

Teilinvestitionen aus den vergangenen Jahren am Objekt blieben erhalten und wurden in das Konzept integriert.

In Zahlen ausgedrückt stellt sich die Sanierungsmaßnahme wie folgt dar: Es wurden ca. 2.000 m³ Abbruch bewältigt,

*Otto-von-Guericke-Saal (Sitzungssaal des Stadtrates) mit Präsidium und Akustikwand (JKI)*

*Innenhof des Alten Rathauses mit den Türmen der Johanniskirche, 2006 (JBu)*

1.500 m³ Stahlbeton, 500 m³ Mauerwerk und 90 t Baustahl eingebaut.

Es wurden 42 Hauptfachlose bzw. Hauptaufträge nach VOB (Bauleistungen) an 36 Firmen, davon 25 Firmen aus Magdeburg und 7 Firmen aus dem Land Sachsen-Anhalt, europaweit ausgeschrieben und vergeben. Hinzu kommen noch über 50 Klein- und Kleinstaufträge.

Nach VOF- Verfahren (Planungsleistungen) wurden 27 Aufträge an 16 Büros, davon 15 Büros aus Magdeburg und ein Büro aus Sachsen-Anhalt, ausgeschrieben und beauftragt. Die vier Hauptplaner (Architekt, Tragwerk- und Haustechnikplaner) wurden hierbei ebenfalls europaweit ausgesucht. Die veranschlagten ca. 12,5 Mio. EUR Investitionssumme teilen sich auf in ca. 10,5 Mio. EUR Bauleistungen und 2 Mio. EUR Planungsmittel.

Während der Sanierungsarbeiten kam es immer wieder zu Überraschungen. Um die dritte Öffnung zwischen den Durchgängen von der Ratsdiele in den Ratssaal wieder nach historischem Vorbild herzustellen, musste die alte zugemauerte Öffnung ausgebrochen werden. Hierbei wurden in dem zwischen den Abmauerungen lagernden alten Bauschutt Knochenfunde sichergestellt. Zum Glück gab es nach einiger Aufregung durch die Mitarbeiter der Kriminalverwaltung die Entwarnung, dass es sich um tierische Knochen aus der Zeit kurz nach dem Ende des 2. Weltkrieges handelte. Die beiden vorhandenen Durchgänge in den Ratssaal gaben nach Rückbau des geraden Sturzes wieder ihre viel höher gelegenen Rundbögen zu erkennen. Im Oberbürgermeister-Sitzungssaal, heute als Hasselbachsaal benannt, konnten durch die Erhöhung der abgehängten Decke die Fensterbögen im Sturzbereich wieder freigelegt und saniert werden. Somit erhielt man nun auch hier ein ganz anderes überraschendes und großzügiges Raumgefühl.

Überraschend konnten nach einer thermographischen Aufnahme im Rahmen der Bestandsuntersuchungen auch die drei historischen, bodentiefen Fensteröffnungen in der Ratsdiele zum Innenhof wieder hergestellt werden. Somit erlangte die Ratsdiele nach historischem Vorbild wieder ihre rhythmische Struktur zwischen Tür- und Fensteröffnungen und den dazwischen liegenden Wandbereichen. Es ist zudem

ein lichtdurchfluteter freundlicher Raumeindruck entstanden. Durch die Neuorientierung der Haupteingangzone mit Pförtnerloge über die verglasten Arkaden war es erforderlich, die Treppe im Mittelrisalit auf der Westseite umzubauen. So sollte ein Durchschreiten von der Bronzetür zum Pförtnerbereich erreicht werden. Hierzu wurde nach historischem Vorbild eine zweiläufige doppel-gewändelte Treppenanlage eingebaut.

Seit der Wiedereröffnung des Rathauses im Herbst 2005 besuchten bereits viele Menschen das Rathaus und zeigten sich beeindruckt. Die Umsetzung des Grundgedankens in der architektonischen Gestaltung der Schaffung eines „gläsernen Rathauses" scheint gelungen.

**Sanierung des Neuen Rathauses**

Auch das 1906 erbaute imposante Gebäude Bei der Hauptwache 4 mit seiner in Nordeuropa einzigartigen zusammenhängenden Schmuckfassade aus massiven Sandsteinelementen hat in den letzten Jahren eine grundlegende Sanierung erfahren. Die ersten baulichen Anpassungen und Verbesserungen nach der Wende geschahen ab 1992 mit dem Einbau von zwei Personenaufzügen. Im gleichen Zeitraum erfolgte die Entkernung des hinteren südöstlichen Treppenhauses, welches neben der Gewährleistung des Fluchtweges auch die Erschließung vom Keller bis in das Dachgeschoss ermöglicht.

Zwischen 1994 und 1995 wurden im 1. und 2. Obergeschoss neue Toilettenanlagen mit jeweils einer angebundenen Teeküche eingebaut. Zugleich konnte der räumlich angeschlossene Lichtschacht einschließlich seiner Dachüberdeckung in die Sanierungsarbeiten mit eingebunden werden. Die Gesamtnutzungssituation des Hauses hat sich dadurch enorm verbessert.

An der Sandsteinfassade des Hauses zeigten sich indes erhebliche Mängel. Es kam sogar soweit, dass sich Teile der Fassade lösten. Nach Auflagen zur Standsicherheit musste umgehend gehandelt werden. In drei Bauabschnitten, der Bereitstellung der finanziellen Mittel geschuldet, wurde diese umfangreiche und technisch höchst anspruchsvolle Aufgabe an der Süd-, Ost- und Nordseite von 1998 bis 2002 realisiert. Die eigenständige, sich selbst tragende massive Sandsteinfassade wurde komplett zurückgebaut, katalogisiert, saniert, ergänzt und wieder aufgebaut. In Vorbereitung hierzu fertigten Fachleute als Besonderheit ein fotogrammetrisches Aufmaß an, durch das die absolut genaue Wiedergabe der Fassadenoberfläche in die Planung übernommen werden konnte.

Mit den Fassadenarbeiten ging folgerichtig die Restaurierung der Fenster nach historischem Vorbild einschließlich der Sonnenschutzeinrichtungen einher. Im Dachgeschoss erfolgte die brandschutztechnische Ertüchtigung der Stahlkonstruktion des Dachstuhls durch den Einbau von Verstärkungen und einen Gesamtbrandschutzanstrich. Daraufhin konnte die gesamte Dachhaut mit Biberschwanzziegeln belegt werden.

Die Arbeiten beschränkten sich nicht nur auf die sichtbare Fassade, sondern auch auf die Kelleraußenwände. Nach Rückbau der Gehwegflächen und der erdangrenzenden Verfüllungen wurde das Kellermauerwerk sehr aufwendig gegen aufsteigende Feuchtigkeit gesperrt. Das monolithische Klinkermauerwerk mit einer Stärke von bis zu einem halben Meter wurde mittels Sägeverfahren aufgeschnitten und mit Blechplatten horizontal gedichtet. Die vertikale Sperrung übernahmen dann die neu eingebauten bituminösen Dichtungsbahnen.

Von 2002 bis 2003 erfolgte die Innenraumsanierung des Objektes, die die äußeren Arbeiten am Objekt ideal ergänzte. Eine Schwierigkeit bestand darin, die Arbeiten bei laufendem Geschäftsbetrieb des Stadtarchivs durchzuführen. Während alle anderen Ämter das Gebäude leer gezogen hatten, war das Stadtarchiv mit seinen kilometerlangen wertvollen Aktenbeständen hier verblieben. Der Nordanbau, in den viele Akten eingelagert wurden, blieb von der Sanierung ausgeschlossen.

Neben der Neustrukturierung der vorhandenen Büroflächen konnten im Haupthaus durch den Rückbau von räumlichen Einbauten beeindruckende Versammlungsräume nach historischem Vorbild wieder in ihrem vollen Glanze hergestellt

werden. So entstanden im 2. und 3. Obergeschoss drei hochwertige, mit akustischen Bauteilen ausgestaltete, funktional aufgewertete Versammlungsräume.

Die Sanierung des Innenbereiches für die zwischenzeitliche Unterbringung der Fraktionen und der Verwaltungsspitze während der Umbaumaßnahmen im Alten Rathaus zeichnete sich durch den Einbau von Türelementen mit strukturierten Zargen, hochwertigen Oberflächen und Fußbodenbelägen aus. Als bemerkenswert muss die Wiederherstellung des historischen Haupttreppenraumes mit seinen reichhaltigen Schmuckelementen hervorgehoben werden. Der Einbau des Windfanges, die Schaffung einer modernen Pförtnerloge und eines Behinderteneinganges sowie die Sanierung der vorhandenen Glaskassettendecke im Erdgeschoss sind weitere nennenswerte Bausteine der Gesamtsanierung. Durch Farbbefundungen konnte die historisch ehemals reichhaltige farbliche Ausgestaltung des Treppenhauses und der Flure nachgewiesen werden. Im Rahmen der Sanierung wurden die Besonderheiten dann teilweise in das Farbkonzept wieder aufgenommen und realisiert.

Der Glanz des sanierten Objektes, vor allem die überwältigende Ausstrahlung der sandsteinernen Schmuckfassade, steht dem des sanierten Alten Rathauses mit seiner historischen Westfassade nicht nach. Aufgrund der weiteren öffentlichen Nutzung des Hauses durch das Stadtarchiv, die Verwaltungsbibliothek, den Stadtordnungsdienst und den Fachdienst Ordnungs- und Gewerbeangelegenheiten können die Magdeburger Bürgerinnen und Bürger sich von der Ausstrahlung auch der inneren Bereiche selbst überzeugen.

Die Erstellung der Unterlagen zur Sanierung des Neuen Rathauses erfolgte mit freundlicher Unterstützung des Architekturbüros Sturmat (Quedlinburg).

# Das Rathaus und die Presse – Magdeburg gründet 1906 das erste Presseamt in Deutschland

Cornelia Poenicke

Bis ins 19. Jahrhundert spielte die Zeitung als „Publikationsorgan für Bekanntmachungen ... der Stadtverwaltungen"[1] keine Rolle. „Der Ausrufer, die Rathaustafel oder sonst ein öffentlicher Anschlag genügte für das, was die Bürgerschaft wissen mußte."[2] Das änderte sich nach Einführung der preußischen Städteordnung 1808 und der damit verbundenen Zunahme kommunaler Selbstverwaltung. Allerdings mussten noch fast 100 Jahre vergehen, bis Magdeburg als erste Stadt in Deutschland so etwas wie ein „Presseamt" gründete. Seine Geschichte beginnt am 31. Juli 1906 mit einer Verfügung des damaligen Oberbürgermeisters Dr. August Lentze, wonach die städtische Rechtsauskunftsstelle fortan die Aufgaben einer Pressestelle zu erfüllen hat.[3]

## Rechtsauskunftsstelle als Vorgänger des Presseamtes

Die Rechtsauskunftsstelle war 1905 nach einem Antrag des Magistrats an die Stadtverordnetenversammlung eingerichtet worden. In der Begründung des Antrags hieß es: „Die Fülle und Mannigfaltigkeit der auf dem Gebiete der sozialen Gesetzgebung erlassenen Bestimmungen, ihre wenig populär gehaltene Abfassung und ihre Unübersichtlichkeit haben seit geraumer Zeit in breiten Schichten der Bevölkerung das Bedürfnis nach einer zuverlässigen jedermann zugänglichen Auskunftserteilung gezeitigt."[4] Dass die Stadtverwaltung im Sinne kommunaler Daseinsvorsorge aktiv werden sollte, wurde damit begründet, dass bereits bestehende Auskunftsbüros bei den Gewerkschaften oder Kirchen nur der jeweiligen Klientel vorbehalten und deshalb „in ihrer Einseitigkeit für die Allgemeinheit nicht aufsuchbar"[5] waren. Eine städtische Rechtsauskunftsstelle sollte vielmehr „allen Personen ohne Unterschied des Alters, des Geschlechts, des Berufes, der Konfession, der Parteistellung und des Wohnortes unentgeltlich Auskunft

in allen gewerblichen Angelegenheiten, nebenher auch in Heimats-, Bürgerrechts-, Armen– und Mietssachen erteilen"[6].

Die Rechtsauskunftsstelle wurde mit zwei städtischen Beamten besetzt, die bereits über langjährige Erfahrungen auf dem Gebiet der sozialen Gesetze verfügten, einem Bürooberinspektor und einem Obersekretär.[7] Für die Einrichtung eines Büros wurden 535 Mark veranschlagt, die laufenden Kosten auf jährlich 6000 Mark geschätzt. Da das Ministerium für Handel und Gewerbe der Preußischen Provinz Sachsen 30.000 Mark für die Errichtung städtischer Rechtsauskunftsstellen eingeplant hatte, wurde der Stadt auf ein entsprechendes Ersuchen ein jährlicher Zuschuss von 3000 Mark zunächst für die Jahre 1905, 1906 und 1907 gewährt. Die Einholung von Auskünften war für die Bürger kostenlos, das heißt, die Stadt forderte „keinen Auslagenersatz".[8]

Dass der Bedarf nach unparteiischer rechtlicher Beratung tatsächlich groß war, zeigt ein Blick in die Statistik: Bereits im ersten Halbjahr ihres Bestehens erteilte die Rechtsauskunftsstelle 2.049 Auskünfte, überwiegend zu Versicherungsfragen (Kranken-, Unfall- und Invalidenversicherung), zu sozialen Fragen („Armenunterstützungswesen")[9] sowie zum Mietrecht und zu Steuersachen. 1908/09 waren es bereits 8.436 Anfragen, die bearbeitet und – fast ausschließlich mündlich – beantwortet wurden. Es überwogen Fragen zum Bürgerlichen Gesetzbuch (3.485), die Mehrzahl der 7.868 Besucher waren Männer (5.129).[10]

Trotz der beträchtlichen Nachfrage wurde die Rechtsauskunftsstelle 1923 geschlossen. Sie war für die Stadt nicht mehr finanzierbar, nachdem die Zuschüsse versiegt waren. Auskünfte sollten fortan von den jeweils zuständigen Dienststellen erteilt werden. Da eine zentrale Anlaufstelle bürgerfreundlicher ist, weil sie viele Dienstleistungen bündeln kann, existieren ähnliche „Auskunftsstellen" auch heute in vielen Städten: Als „Bürgerberatung" sind sie nicht selten dem Presseamt oder der Pressestelle zugeordnet und haben ihren Sitz unmittelbar im Rathaus – so auch in Magdeburg.

## Aus „Preßbüro" wird Presseamt

Die – zunächst versuchsweise – Einrichtung eines städtischen Pressebüros wurde in der Sitzung des Magistrats am 28. Juli 1906 beschlossen, die Verfügung Nr. 2161/7 an die Magistratsmitglieder mit der Anweisung, „zur Mitteilung an die Presse geeignete Nachrichten ... künftig der Rechtsauskunftsstelle zu überweisen"[11] erging am 31. Juli 1906.[12] Von der Tagespresse war die Einrichtung eines Pressebüros bei der Stadtverwaltung ausdrücklich gewünscht worden. In einem Schreiben des General-Anzeigers vom 21. Oktober 1906 heißt es: „Für den Fall, daß der Magistrat sich trotzdem nicht entschließen möchte, durch einen neuen Magistratsbeschluß die Anzahl seiner Publikationsorgane zu vergrößern, möchten wir in Ehrerbietung empfehlen, durch die Einrichtung eines Pressbüros (wie ein solches bereits einmal angeregt wurde) allen hiesigen Tageszeitungen die Benutzung der Magistratsbekanntmachungen und Verkündigungen gleichzeitig zu ermöglichen, so daß auch unsere Vertreter und Berichterstatter an dieser Stelle täglich von den etwa vorliegenden Manuskripten Kenntnis nehmen können."[13] Eine entsprechende Verfügung durch Oberbürgermeister Dr. August Lentze erfüllte diesen Wunsch ab März 1907. Magdeburg war die erste Stadt in Deutschland, die mit der Einrichtung eines Pressebüros in der Verwaltung eine Anlaufstelle für die Presse schuf und die Presse direkt, zeitnah und unmittelbar – vielfach durch Überlassung von Dokumenten – an Kommunalverwaltung und Kommunalpolitik teilhaben ließ.

Bereits im September 1906 wurde für das Pressebüro ein eigenes Dezernat eingerichtet, eine der ersten Verfügungen des neuen Dezernenten Stadtrat Dr. Heinrich Sahm verpflichtete die Verwaltung „sämtliche Pressesachen als Eiltsachen"[14] zu behandeln. Dennoch klagten die Mitarbeiter des Pressebüros über die „sehr langsame und durchaus ungenügende"[15] Versorgung mit Informationen aus den Ämtern. Nicht nur der Magdeburger Generalanzeiger kritisierte 1910, dass das Pressebüro der Aufgabe „die Presse mit Nachrichten aus dem kommunalen Leben zu bedienen, nicht gewachsen" sei[16].[17]

Die Verwaltung reagierte mit der Verlegung der Pressestelle von der Rechtsauskunftsstelle zur Kanzleiinspektion im Altstädtischen Rathaus und lud die Vertreter der örtlichen Presse am 11. Januar 1913 zu einer ersten Pressekonferenz ins Magistratssitzungszimmer ein. Dabei wurde den Pressevertretern Gelegenheit gegeben, ihre Vorstellungen und Wünsche zur Zusammenarbeit zu artikulieren. In der Folgezeit informierte das Pressebüro über die „wichtigsten Beschlüsse aus den Deputations- und Kommissionssitzungen sowie aus der Magistratssitzung"[18]. Die Wünsche der Pressevertreter nach Besichtigung städtischer Betriebe und nach besonderer Plazierung der Presse bei städtischen Festlichkeiten verspricht die Verwaltung zu prüfen. Nur ein Jahr später lädt Oberbürgermeister Hermann Reimarus erneut Vertreter der Presse ins Rathaus ein, um mit ihnen „Richtlinien für ein gemeinsames Arbeiten von Stadtverwaltung und Presse zu finden"[19]. Dabei wurde u.a. festgelegt, „von Zeit zu Zeit Pressekonferenzen einzuberufen, in denen die Pressevertreter in vertraulicher Weise über wichtige schwebende Projekte Mitteilung erhalten sollen"[20]. Allerdings verhinderte der 1. Weltkrieg zunächst die beabsichtigte Intensivierung der Zusammenarbeit.

1917 beantragte der Magistrat „an Stelle unseres bisherigen Preßbüros ein städtisches literarisches Büro einzurichten, als dessen Leiter eine journalistisch vorgebildete Persönlichkeit bestellt werden soll"[21]. Die Stadtverordnetenversammlung stimmte dem zu, für die Einrichtung bürgerte sich der Begriff „Presseamt" ein, zum ersten „Pressesprecher" der Stadt wird am 6. März 1918 Oscar Böer bestimmt.

*Westansicht des Alten Rathauses, Anfang des 20. Jahrhunderts (StAM)*

## Presseamt – neue Struktur, neue Aufgaben, neue Qualität

Städtische Pressearbeit erhält damit nicht nur eine neue Struktur, sondern vor allem eine neue Qualität: Sie beschränkt sich fortan nicht mehr auf die Weitergabe von Informationen aus den Ämtern und politischen Gremien, sondern beginnt „nach Kräften die Interessen der Stadt Magdeburg nach außen hin durch literarische Betätigung wahrzunehmen"[22]. Gleichwohl verfolgen die regionalen Zeitungen die Arbeit der neuen Stelle auch mit Argwohn: „Würde man aber im Rathause das städtische literarische Büro als ein Institut ansehen, daß gewisse Fragen präpariert der Tagespresse darreicht, daß, deutlich gesagt, für diese oder jene aktuelle Frage in den Zeitungen leise Stimmung machen, die öffentliche Meinung ‚bearbeiten' soll – ein unter dem Gesichtswinkel arbeitendes Presseamt würde bei uns keine Gegenliebe finden. Die Selbständigkeit des Urteils ist für jede unabhängige Tageszeitung das oberste Gesetz" schreibt der Magdeburger General-Anzeiger am 8. März 1918. Auch der Verein Magdeburger Presse fordert auf seiner Jahreshauptversammlung, dass die „Selbständigkeit des Urteils und der Meinung sowie die Unabhängigkeit der Presse unter allen Umständen gewahrt werden" muss [23] und geht sogar noch einen Schritt weiter, wenn er fordert, dass der „direkte Verkehr der Redaktionen mit den Dezernenten und leitenden Oberbeamten des Magistrats ... durch das neue Presseamt nicht beeinträchtigt werden"[24] darf.[25]

Mit der Einrichtung des Presseamtes wird die städtische Pressearbeit konsequent zentralisiert, und der Pressesprecher erhält weitergehende Befugnisse, u.a. wird ihm die Teilnahme an sämtlichen Sitzungen des Magistrats und der Stadtverordnetenversammlung sowie der Kommissionen und Ausschüsse ermöglicht. Außerdem wird das Amt personell aufgestockt.

Der – auch überregional stark beachtete – Ausbau des Magdeburger Presseamtes geriet in den frühen 20er Jahren ins Stocken, die Inflation zwang den Magistrat zur Straffung der Verwaltung, das Presseamt verlor seine Selbständigkeit und wurde als Pressestelle dem Statistischen Amt, später dem Wirtschaftsamt zugeordnet. Erst 1925 erhielt es seine Selbständigkeit als Dienststelle zurück. Zugeordnet war es dem Dezernenten Ernst Wittmaack, Amtsleiter und Pressesprecher war Dr. Gerhard Bader. 1926 übernahm das Presseamt die Schriftleitung des 1924 gegründeten Magdeburger Amtsblattes, das als „Amtliches Organ des Magistrats, des Polizeipräsidiums und des Finanzamtes" wöchentlich erschien. Die Übertragung neuer Aufgaben erforderte die personelle Verstärkung, im Oktober 1925 beschäftigte die damalige Pressestelle drei Mitarbeiter, 1928 waren es im Presseamt acht. Dass Magistrat und Oberbürgermeister Herrmann Beims dem Presseamt besondere Bedeutung zumaßen, zeigt sich zudem darin, dass das Presseamt 1928 von der Weinfaß-Straße 8/9 in das Altstädtische Rathaus, wo u.a. die Diensträume des Oberbürgermeisters waren, umzog.

## Interne und externe Aufgaben des Presseamtes

Das Presseamt agierte sowohl nach innen als auch nach außen.[26] Als interner Dienstleister der Verwaltung organisierte es den „inneren Berichtsdienst", das heißt die Versorgung der „Gesamtverwaltung mit Nachrichten aus dem Gebiete aller Verwaltungsfragen"[27]. Dafür wurde neben der Lokalpresse – 1929 waren das in Magdeburg

- der Magdeburger Generalanzeiger
- die Magdeburgische Zeitung
- die Volksstimme
- die Tageszeitung –

regelmäßig auch die auswärtige Tagespresse, die Provinzpresse und 70 Tageszeitungen „der maßgebenden Großstädte"[28] ausgewertet, um die eigene Verwaltung „über allgemeine Arbeiten anderer Kommunalverwaltungen"[29] auf dem Laufenden zu halten. In die Presseschau einbezogen wurden zudem die Gesetz- und Verwaltungsblätter des Reiches und des Freistaates Preußen, kommunale Fachzeitschriften und Korrespondenzen sowie die Amts- und Nachrichtenblätter zahlreicher Städte (u.a. Berlin, Augsburg, Frankfurt a.M., Düsseldorf, Breslau, München, Mannheim,

*Vermittlungsstelle der Fernsprechzen-
trale im Alten Rathaus, 1937 (StAM)*

Königsberg, Linz, Bonn, Duisburg, Stuttgart, Potsdam). Zur Information der Dezernenten und Dienststellen wurden „die einschlägigen Mitteilungen als Ausschnitte .... zur dezernatsmäßigen Verteilung zur Kenntnis"[30] gegeben. Ziel dessen war nicht nur die schnelle Information der Verwaltungsmitarbeiter und insbesondere der Verwaltungsspitze über die Berichterstattung der Lokalpresse und aktuelle Entwicklungen in anderen Städten, sondern auch die Weitergabe von „Anregungen zu Verbesserungen im Verwaltungswege"[31]. Ein vergleichbarer Service wurde später als „Ausschnittdienst" bzw. „Pressespiegel" bezeichnet und wird bis heute in vielen Städten praktiziert.

Zu den Aufgaben des externen Pressedienstes gehörten
- die Bearbeitung öffentlicher Anfragen und die Stellungnahme zu öffentlichen Anregungen
- die Weitergabe amtlichen Materials an die Presse
- der lokale, kommunale und auswärtige Pressedienst, das heißt die Herausgabe von Presseinformationen aus den einzelnen Arbeitsgebieten der Verwaltung
- die Vorbereitung und Durchführung von Pressekonferenzen sowie Besichtigungen städtischer Betriebe und Einrichtungen
- die Herausgabe öffentlicher Bekanntmachungen in der Presse sowie als Aushang
- das „Plakatanschlagwesen", das heißt, „Drucklegung, Anschlag usw. von Bekanntmachungen, die an den Anschlagsäulen zur allgemeinen Kenntnis gebracht werden sollen, in die Wege zu leiten"[32]
- das „Nachrufswesen", das heißt, die „Veranlassung von Nachrufen für Personen, die in der Kommunalverwaltung tätig waren"[33] entsprechend der dazu erlassenen Verfügung.

Der „behördliche Nachrichtendienst" versorgte täglich sämtliche Magdeburger Zeitungen und die Büros der Agenturen schriftlich (Presseinformationen) oder telefonisch mit Informationen und amtlichen Dokumenten aus der Stadtverwaltung. Grundsatz war dabei die „gleichmäßige Bedienung der gesamten Presse ohne Rücksicht auf deren politische Einstellung"[34]. Diese Maxime hat später in der Bundesrepublik Deutschland als „Gleichbehandlungsgrundsatz" Eingang in die Pressegesetze der Länder gefunden, war aber in den 20er Jahren des letzten Jahrhunderts offenbar nicht selbstverständlich, wie die Argumentation des Presseamtsleiters in seinem Beitrag „Das Presseamt der Stadt Magdeburg", veröffentlicht im Magdeburger Amtsblatt vom 18. Mai 1929, vermuten lässt. Bereits 1925 hatte der zuständige Dezernent Albert Paul verfügt, dass die Zahl der Durchschläge aller Presseinformationen von 4 auf 9 zu erhöhen ist, um „eine gleichmäßige Behandlung aller am Orte erscheinenden Tageszeitungen"[35] zu gewährleisten.

Neben den lokalen Tageszeitungen wurden auch kommunalpolitische Fachzeitschriften des In- und Auslandes regelmäßig mit Informationen aus der Provinzhauptstadt Magdeburg versorgt, darunter die „Mitteilungen des Deutschen Städtetages", die „Zeitschrift für Kommunalwirtschaft", „Die Gemeinde", die „Deutsche Gemeindezeitung", die „Schwartz'sche Vakanzen-Zeitung" und „Die Kommune" (kommunaler Pressedienst). Dem „auswärtigen Pressedienst" standen rund 1000 Adressen führender Zeitungen der maßgeblichen Großstädte im In- und Ausland zur Verfügung. Kriterium für die regionale oder überregionale Verteilung von Informationen war ihre Relevanz für den jeweiligen Printbereich. Darüber hinaus gab es 1929 durch die enge Zusammenarbeit mit Nachrichtenbüros (Agenturen) auch – zumindest indirekte – Kontakte zum „Radiopressedienst".

Die späten 20er Jahre des 19. Jahrhunderts sind geprägt von einer Systematisierung und Professionalisierung der städtischen Öffentlichkeitsarbeit, die im Presseamt gebündelt wird. Davon zeugen nicht nur die zahlreichen Beiträge des damaligen Presseamtsleiters im Amtsblatt sowie auf Tagungen und Konferenzen. 1927 erlässt Oberbürgermeister Herrmann Beims erstmals „Richtlinien für die Bearbeitung von Presseangelegenheiten usw. innerhalb der Verwaltung". Sie setzen 57 Verfügungen aus den Jahren 1906 bis 1926 außer Kraft und können als erste Dienstanweisung zum Umgang mit den Medien angesehen werden.

Die „Dienstanweisung" regelt u.a. die Dienstzeiten der Mitarbeiter des Presseamtes: Danach galten „getrennte Arbeitszeiten"[36] – montags bis freitags von 8.00 bis 13.00 Uhr und 15.30 bis 18.30 Uhr, wobei das Amt auch zwischen 13.00 und 15.30 Uhr erreichbar sein musste. Samstags war das Presseamt im Sommer von 8.00 bis 14.00 Uhr, winters von 8.00 bis 15.00 Uhr besetzt. Diese, von den sonst in der Verwaltung üblichen Dienstzeiten abweichende Regelung begründete Amtsleiter Dr. Bader in einem Beitrag für das Amtsblatt unter dem Titel „Ein Tag im städtischen Presseamt": „Das oberste Gesetz, nach dessen Bestimmungen das Tagespensum im Presseamt erledigt werden muss, ist,

bedingt durch die eigenartig gelagerten Verhältnisse, die sich aus einer Zusammenarbeit mit der Presse ergeben, sozusagen Dienstbereitschaft zu jeder Minute." Und an anderer Stelle heißt es: „Die Entwicklung der letzten Jahre hat es mit sich gebracht, daß durch den Ausbau der Pressestelle zum Presseamt eine Dienststelle entstanden ist, die entsprechend dem amerikanischen Tempo unserer Zeit unbürokratisch, stets schlagfertig und sekundenbereit arbeiten muss."[37]

Zu den Aufgaben des Presseamtes gehörte u.a. die Herausgabe von Bekanntmachungen. Die Dienstanweisung

*Luftaufnahme des Alten Marktes mit Altem und Neuem Rathaus, Dienstgebäude Spiegelbrücke und Johanniskirche (StAM)*

regelt dazu, dass „sämtliche Anzeigenaufträge der gesamten Verwaltung für Zeitungen und Zeitschriften über das Presseamt"[38] herausgegeben werden. Von dieser streng zentralisierten Verfahrensweise waren nur das Arbeitsamt und die Theater ausgenommen. Das Presseamt war sogar befugt, die Anzeigentexte, die ihm aus den Ämtern zugearbeitet wurden, zu ändern: Vor allem mit Blick auf die städtischen Finanzen war das Amt angehalten dafür zu sorgen, dass Anzeigen nur einmal veröffentlicht wurden und sich auf ein Mindestmaß beschränkten, der Text also kurz gehalten war. Außerdem ergänzte das Presseamt die Anweisungen für die Druckerei, z.B. zu Schriftgrößen, Hervorhebungen etc.. Auch die Rechnungen für Bekanntmachungen in den Tageszeitungen gingen zunächst an das Presseamt und wurden erst nach dessen Kontrolle beglichen. „Es ist sämtlichen Dienststellen verboten, Rechnungen direkt zu begleichen"[39] legte die Dienstanweisung dazu fest.

Mit Amtsantritt Ernst Reuters als Oberbürgermeister in Magdeburg wurde das Presseamt 1931 seinem Dezernat zugeordnet. Gleichzeitig wurde dem Leiter die Teilnahme an den Sitzungen des Magistrats ermöglicht. Die zuvor selbständige Magistratsbücherei wurde 1931 dem Presseamt angegliedert. Im Zuge städtischer Sparmaßnahmen wurde die Auslegung von Zeitungen im Magistratslesezimmer eingestellt, die Dezernenten erhielten keine Tageszeitungen mehr, eine Reihe von Zeitungen und Zeitschriften wurde abbestellt. Dem Presseamt oblag ab 1931 die „presse-propagandistische Unterstützung"[40] der von Oberbürgermeister Ernst Reuter zur Linderung der Not weiter Teile der Bevölkerung initiierte Winternothilfe. Dafür wurden allein 1931 rund 200 „Abhandlungen und Notizen"[41] versandt. Das Polizeipräsidium kündigte 1931 den Vertrag als Mitherausgeber des Amtsblattes. Da sich auch das Finanzamt als Mitherausgeber zurück gezogen hatte, war das Magdeburger Amtsblatt ab 31. Oktober 1931 „nur noch amtliches Organ des Magistrats der Stadt Magdeburg"[42].

Am 31. Juli 1931 bestand das Presseamt 25 Jahre. Der Leiter hielt aus diesem Anlass einen Rundfunkvortrag zum Thema „Rathaus und Presse" über den Berliner Sender.

Die Arbeitsgemeinschaft städtischer Nachrichten- und Presseämter bestand 1931 seit zehn Jahren. Das Magdeburger Presseamt hatte zu den Gründungsmitgliedern gehört und richtete im Mai 1930 die Jahreshauptversammlung der Arbeitsgemeinschaft aus. Das Magdeburger Amtsblatt informierte in einer Doppelausgabe über die Tagung und nahm dies zum Anlass, das Thema „Publizität der Verwaltung" sowohl aus der Perspektive von Pressesprechern als auch von freien Journalisten sowie Redakteuren von Tageszeitungen und Agenturen zu beleuchten. Die Beiträge spiegeln den Grundkonflikt zwischen Presseämtern der Verwaltung und Presse, der sich bis heute in einer bunter geworden Medienlandschaft kaum verändert hat. Der Leiter des Nachrichtenamtes der Stadt Kassel Stadtrat Dr. Theiß schildert die schwierige Beziehung zwischen Verwaltung und Presse mit folgenden Worten: „In dem Worte Presseamt ist ein ganzes Problem enthalten. Zwei Welten begegnen sich in diesen Silben. Hier die Behörde, vorsichtig oder sagen wir es ruhig, mit einer gewissen Schwerfälligkeit arbeitend, nach längeren Erwägungen und Kommissionsberatungen ihre Entschlüsse fassend, Beschlüsse, die sich allerdings oft für Generationen auswirken, dort der Journalist, für den Tag schreibend, nach dem Neuen begierig, kaleidoskopartig die Geschehnisse der Politik und des öffentlichen Lebens betrachtend, mit dem Ehrgeiz, dem Konkurrenten, dem Berufsgenossen mit seiner Berichterstattung zuvorzukommen, kritisieren, vorwärtspeitschend, parteinehmend. ... Und zwischen der Scylla der Bürokratie und der Charybdis der Journalistik die behördliche Pressestelle, die die schwierige Aufgabe hat, diese widerstreitenden Interessen auszugleichen und die beiden wesensfremden Elemente zu gemeinsamer Arbeit zum Wohle des Ganzen zu vereinigen."[43]

Den Beiträgen der Journalisten ist diese Euphorie fremd: Sie sehen in städtischer Öffentlichkeitsarbeit eher ein unerträgliches „Reklamebedürfnis" und in Presseämtern ein „notwendiges Übel", wobei man „nach der eigenen Einstellung den Nachdruck mehr auf das Wort notwendig oder auf das Übel legen kann"[44].

Oberbürgermeister Ernst Reuter charakterisierte Aufgaben und Zweck eines städtischen Presseamtes anlässlich des 25jährigen Bestehens des Magdeburger Presseamtes 1931 so: „Eine städtische Pressestelle ist ... heute nicht mehr als eine Einrichtung für die Bedürfnisse der Verwaltung geschaffen worden, sondern ist eine Einrichtung, die für die Bedürfnisse der Öffentlichkeit zu arbeiten hat. ... Eine städtische Pressestelle soll nichts anderes sein als ein Hilfsorgan für die Öffentlichkeit, damit diese jederzeit all die Informationen erhalten kann, die sie unbedingt benötigt und auf die sie einen berechtigten und legitimen Anspruch besitzt.“[45]

## Das Ende der Demokratie ist das Ende der „Publizität"

Städtische Öffentlichkeitsarbeit oder – „Publizität der Verwaltung" wie man es damals nannte – war in der Demokratie der Weimarer Republik für viele Städte selbstverständlicher Bestandteil kommunaler Selbstverwaltung geworden. Gebündelt wurde sie in städtischen Presse- oder Nachrichtenstellen bzw. –ämtern, deren Zahl in den 20er Jahren rasant wuchs. Bei aller Kritik seitens der Journalisten, die durch die Einrichtung von Pressestellen eine „Uniformierung der Presse" fürchteten und vielfach die „Erschwerung des Verkehrs zwischen Zeitung und städtischer Dienststelle" beklagten, darf nicht übersehen werden, dass die Einrichtung von Pressestellen kommunale Öffentlichkeitsarbeit professionalisiert hat und so Kommunalverwaltung und Kommunalpolitik für die Bürger überhaupt erst transparent werden konnten. Denn kommunale Öffentlichkeitsarbeit zielt zuvorderst auf die Information der Bürgerinnen und Bürger. Die Presse – und alle weiteren heute verbreiteten Medien – ist dafür lediglich ein Instrument – wenn auch ein unverzichtbares.

Dies änderte sich grundlegend mit der Machtübernahme der Nationalsozialisten im Januar 1933. Oberbürgermeister Ernst Reuter wird im März 1933 gewaltsam aus dem Amt gedrängt, kommunale Selbstverwaltung ersetzt durch zentralstaatliche Vorgaben. Die über Jahre gegen viele interne Widerstände mühsam aufgebaute "Publizität in der Kommunalverwaltung"[46] wurde mehr und mehr beschnitten.

Ausgebaut wurden in Magdeburg zunächst die internen Dienste des Presseamtes, ab Oktober 1934 fertigt es zweimal wöchentlich einen „Nachrichtendienst über neue Gesetze, Verordnungen und wichtige Mitteilungen zur Unterrichtung der Dezernenten und Dienststellen"[47]. Auch über die Neuanschaffungen der Presseamtsbücherei wird die Verwaltung regelmäßig durch Listen informiert.

Am 15. März 1937 verfügte das Reichs- und Preußische Ministerium der Justiz, dass der Ausdruck „Pressestellen" ab sofort jenen Behörden vorbehalten ist, die den Landesstellen des Reichsministeriums für Volksaufklärung und Propaganda angegliedert sind. Oberbürgermeister Dr. Fritz Markmann verfügte daraufhin am 5. April 1937 die Umbenennung des Presseamtes in „Nachrichtenstelle". Informationen an die Medien tragen fortan den Charakter offizieller Bekanntmachungen. Kommunale Öffentlichkeitsarbeit wird uniformiert und beschränkt sich auf die Verbreitung der Verlautbarungen aus dem Reichspropagandaministerium. Während des Krieges, der zur Einschränkung der Verwaltungstätigkeit auf das unbedingt Notwendige zwingt, waren bestimmte Aufgaben der Pressearbeit – z.B. Bekanntmachungen – offensichtlich dem Hauptamt zugeordnet. Erst mit dem Wiedergewinn kommunaler Selbstverwaltung und demokratischer Verhältnisse erhalten Presseämter die Aufgabe zurück, als Schnittstellen zwischen Behörde und Medien Kommunalpolitik und Kommunalverwaltung transparent zu machen und den Bürgern die Teilhabe am kommunalen Geschehen zu ermöglichen.

# Anmerkungen

1  Müller, S. 11.
2  Ebenda.
3  Die Originaldokumente mit den Beschlüssen und Verfügungen sind im Archiv der Stadt Magdeburg nicht mehr vorhanden. Mehrere Quellen – u. a. Veröffentlichungen im Amtsblatt, Dienstanweisungen etc. nennen jedoch übereinstimmend dieses Datum.
4  StAM, Rep. 18.⁴ Bü 117.
5  Ebenda.
6  Ebenda.
7  Vgl. StAM, Rep. A III 63.7c.
8  Ebenda.
9  StAM, Verwaltungsbericht für 1905/06 S. 383f.
10  Vgl. StAM, Verwaltungsbericht für 1908/09. S. 648f.
11  Bader, Der Nachrichtendienst. S. 317f.
12  Siehe Anmerkung 3.
13  Zitiert nach Bader, Der Nachrichtendienst.
14  Ebenda, S. 318.
15  Ebenda.
16  Magdeburger General-Anzeiger v. 21.4.1921, zitiert nach Bader, Der Nachrichtendienst. S. 318.
17  Hier zeigt sich bereits der Grundkonflikt, der auch heute noch die Zusammenarbeit von kommunalen Pressestellen und Redaktionen bestimmt: Pressestellen sind Schnittstellen zwischen Verwaltung und Medien und werden deshalb von beiden Seiten argwöhnisch betrachtet. Manchem Verwaltungsmitarbeiter gelten sie noch heute als „Nestbeschmutzer", die mit den „Schmierfinken" kungeln, nicht wenige Journalisten sehen in ihnen Blockierer, die die Verwaltung (und insbesondere ihre Spitzenbeamten) von der kritischen Öffentlichkeit abschirmen und Transparenz verhindern.
18  Bader, Der Nachrichtendienst. S.319.
19  Ebenda, S. 319.
20  Ebenda.
21  Ebenda, S. 320.
22  Magdeburger General-Anzeiger v. 8.3.1918, zitiert nach Bader, Der Nachrichtendienst. S.320.
23  Ebenda.
24  Ebenda.
25  Dies muss aus heutiger Sicht als Versuch gewertet werden, eine einheitliche, zentral gesteuerte Pressearbeit der Stadtverwaltung zu unterlaufen oder gar nicht erst entstehen zu lassen. Der Grundsatz „Verwaltung spricht mit einer Stimme" ist nur durch eine zentral gesteuerte Öffentlichkeitsarbeit durchzusetzen, denn nur so kann verhindert werden, dass Meinungsverschiedenheiten innerhalb der Verwaltung – die nicht selten und völlig normal sind – nach außen dringen. Dass dieser Grundsatz bei den Medien wenig Akzeptanz findet, liegt in der Natur der Sache.
26  Diese Grundstruktur ist auch heute noch in vielen Verwaltungen üblich.
27  Bader, Das Presseamt. S. 375.
28  Ebenda, S. 376.
29  Ebenda.
30  Ebenda, S. 375.
31  Ebenda.
32  Ebenda.
33  Ebenda.
34  ebenda, S. 374.
35  StAM, Rep. 10 Sa 6.
36  Richtlinien für die Bearbeitung von Presseangelegenheiten usw. innerhalb der Verwaltung, StAM, Rep. 10 Sa 6.
37  Bader 1930, S. 70.
38  Richtlinien für die Bearbeitung von Presseangelegenheiten usw. innerhalb der Verwaltung, StAM, Rep. 10 Sa 6.
39  Ebenda.
40  StAM, Geschäftsbericht der Verwaltung 1931, S. 7.
41  Ebenda.
42  Ebenda.
43  Theiß, S. 305.
44  Ebenda.
45  Reuter, 1931, S. 569.
46  Bader 1931, S. 324.
47  StAM, Rep 10 Sa 6.

# Quellen- und Literaturverzeichnis

## Ungedruckte Quellen
## (alle Stadtarchiv Magdeburg - StAM)

Rep. A I R 4 „Freiwillige unter den Herrn Bürgermeistern und Ratmannen der Stadt Magdeburg ... zur Haltung guter Ordnung verwilligte Gesetze, 1646-1780.

Rep. A I R 5 „Heinrich von Randow's Haus", 1632-1635.

Rep. A I R 36 „Rathausbau…", 1691 – 1784.

Rep. A I R 142 „Rathaus-Saal, deßen Gebrauch den Tuchmachern-Fabricanten zur Auslegung ihrer Waaren wärend der Heer-Meße gestattet worden und das dafür bezahlte Standgeld", 1781-1809.

Rep. A II B 28 b „Die Bildnisse der Regenten", 1873-1919.

Rep. A II E 63 spec. 30c "Vermietung und bauliche Unterhaltung der ehemaligen Hauptwache (Hauptwache Nr.11)", 1890-1895.

Rep. A II G 109 Bd.2 „Otto von Guerickes Bild", 1869.

Rep. A II H 76 „Die Verhandlungen mit der Militärregierung wegen Regulierung des Platzes bei dem Hauptwachtgebäude", 1874-1892.

Rep. A II K 42 a Bd.1 „Ankauf des ehemaligen sogenannten Kürschnerschranks nebst den Läden. Vermiethung der Läden und des Kellers unter denselben links vom Rathhause", 1825-1830.

Rep. A II K 42 b „Die Abtragung des ehemaligen Kürschnerschranks und Erbauung von Verkaufsläden und Anlage eines Fahrdammes über den St. Johannis Kirchhof", 1827-1829.

Rep. A II O 1a „Das der Stadt gehörige Kommandantenhaus", 1834-1838.

Rep. A II R 12 „Die Untersuchung der Baufälligkeit des Rathausthurms und dessen Neubau, sowie Wiederherstellung der Faccade des Rathauses, 1819. Anlegung eines Blitzableiters 1827", 1819.1880.

Rep. A II R 23 Bd. 2 „Die Unzulänglichkeit der Geschäftslocale des Rathauses und die Vorschläge zur Beschaffung der erforderlichen Räumlichkeiten", 1866-1873.

Rep. A II R 23 spec. 1 „Der Verkauf der beiden einstöckigen Seitengebäude des Rathauses an der Johannisbergstraße und am Johanniskirchhof auf den Abbruch", 1865.

Rep. A II R 23 spec. 5 „Ausstattung der Büros pp. im Rathause mit neuen Utensilien", 1865-1870".

Rep. A II R 23 spec. 6 „Die gartenmäßige Einrichtung des Platzes vor der Ostseite des Rathauses und Aufstellung einer Fontaine", 1869-1884.

Rep. A II R 23 spec. 9 „Die Beleuchtung für die Räume des Altstädter Rathauses", 1895-1906.

Rep. A II R 23 spec. 10 „Die Ausschmückung des Rathaus-Bürgersaales mit Bildern aus der Geschichte Magdeburgs", 1895-1919.

Rep. A II R 30 „Turmknopf des Rathauses", 1820.

Rep. A II R 51 „Die Erbauung eines Geschäftshauses an Stelle des Hauses Hauptwache 5", 1900-1907.

Rep. A II R 51 spec. 1 e „Die Vergebung der Arbeiten und Lieferungen zu dem neuen Geschäftshaus an der Hauptwache", 1905-1909.

Rep. A III 24.2 a „Das alte Rathaus der Altstadt, seine Bauten und Reparaturen", 1907-1909.

Rep. A III 34.8 b „Enthüllungsfeier des Denkmals für den Bürgermeister Otto von Guericke am 24. September 1907".

Rep. A III 63.7c „Pressebureau, Annoncen, Statistisches Amt, Reklame", 1906-1835.

Rep. 10 Sa 6 „ Der Verband der deutschen gemeinnützigen und unparteiischen Rechtsauskunftsstellen", 1906-1924.

Rep. 18⁴ Bü 117 „Drucksachen zu den Protokollbüchern der Stadtverordnetenversammlung", 1905.

Rep. 18⁴ F 25 „Erweiterung des Rathauses", 1855-1897.

Rep. 18⁴ St. 5a „Protokolle der Stadtverordnetenversammlung", Jan.-Okt. 1950.

Rep. 35 He 1 „Das alte Rathaus der Altstadt, seine Erweiterung und Reparaturen", 1912-1917.

Rep. 35 He 12 „Die Erbauung eine neuen Geschäftshauses an Stelle des Hauses Hauptwache Nr. 5 und Erweiterung desselben. Sparkassen-Gebäude", 1918-1920.

Rep. 35 He 14 "Das alte Rathaus der Altstadt, Bauten und Reparaturen", 1917–1922.

Rep. 35 He 19 „Bau eines neuen Rathauses sowie eines Geschäftshauses am Johanniskirchhofe", 1913-1923.

Rep. 35 He 26 "Rathaus-Räume – deren Benutzung", 1915 – 1921.

Rep. 35 He 27 „Die Erbauung eines neuen Geschäftshauses an Stelle des Hauses Hauptwache Nr. 5 und Erweiterung desselben. Sparkassen-Gebäude", 1919-1926.

Rep. 35 He 29 „Läden unter den Rathauskolonnaden Alter Markt 15. Verträge", Mai 1922–Sept. 1923.

Rep. 35 He 30 „Altstädter Rathaus. Benutzung und Unterhaltung des Gebäudes", 1920-1922.

Rep. 35 He 31 „Errichtung eines neuen Stadtverordneten-Sitzungssaales", 1913-1916.

Rep. 35 He 32 „Altstädter Rathaus. Benutzung und Unterhaltung des Gebäudes", Jan. 1922–Jan. 1924.

Rep. 35 He 35 „Die künstlerische Ausschmückung des Ratskellers", 1907-1914.

Rep. 41 Nr. 2082 „Wiederaufbau Altes Rathaus. Vertragsangelegenheiten", 1962-1972.

Rep. 41 Nr. 2083 „Wiederaufbau Altes Rathaus", 1966-1970.

Rep. 41 Nr. 2084 „Wiederaufbau Altes Rathaus", 1962-1975.

Rep. 44 Nr. 16 „Unterbringung der städtischen Dienststellen nach den Luftangriffen vom 16. Januar und 6. Februar 1945", Jan.-April 1945.

Bauakte Alter Markt 15, 4 Bde.

Bauakten Apfelstraße 7, 8, 9.

Bauakte Bei der Hauptwache 1 (Haus III).

Bauakte Bei der Hauptwache 4-6, 6 Bde.

Bauakte Spiegelbrücke 1/2.

## Gedruckte Quellen und Literatur

Adressbücher der Stadt Magdeburg, 1817-1950/51.

Apel, Heinrich: Plastik – Textilien – Collage. Querschnitte, 2. Aufl., Oschersleben 1995.

Asmus, Helmut: 1200 Jahre Magdeburg. Von der Kaiserpfalz zur Landeshauptstadt, Bd. 1-3, Magdeburg 1999-2005.

Aus der Geschichte des Magdeburger Rathauses, in: Blätter für Handel, Gewerbe und sociales Leben, Nr. 50/1896.

Bader, Gerhard: Der Nachrichtendienst der Stadt Magdeburg, in: Magdeburg Amtsblatt 1929, S. 317-321.

Bader, Gerhard: Das Presseamt der Stadt Magdeburg, in: Ebenda 1929, S. 374 - 376.

Bader, Gerhard: Ein Tag im städtischen Presseamt, in: Ebenda 1930, S. 70 – 71.

Bader, Gerhard: Schwächen im Nachrichtenwesen der deutschen Städte, in: Ebenda 1931, S. 324 – 326.

Ballerstedt, Maren: Daten zur Magdeburger Stadtgeschichte. Mai 1945 bis Oktober 1990, in: Magdeburg. Porträt einer Stadt, hrsg. v. der Landeshauptstadt Magdeburg und dem Landesheimatbund Sachsen-Anhalt e.V., Halle/S. 2000, S. 161 – 224.

Ballerstedt, Maren: Die Zerstörung der Stadt am 10. Mai 1631 im öffentlichen Bewußtsein Magdeburgs, in: Sachsen-Anhalt. Beiträge zur Landesgeschichte 16, Halle 2000, S. 34 – 55.

Ballerstedt, Maren/Buchholz, Konstanze: Das Magdeburger Rathaus im 17./18. Jahrhundert (Quellenmappe), hrsg. v. Stadtarchiv Madeburg mit Unterstützung der von Alemann'schen Stiftung, Magdeburg 2002.

Berghauer, Johann Christian Friedrich: Magdeburg und die umliegende Gegend, Teil 1, Magdeburg 1800.

Bericht über die Verwaltung und den Stand der Gemeinde-Angelegenheiten der Stadt Magdeburg (Verwaltungsberichte), Magdeburg 1854-1940/41.

Brandt, Willy/ Lowenthal, Richard: Ernst Reuter. Ein Leben für die Freiheit. Eine politische Biographie, München 1957.

Buchholz, Ingelore/ Ballerstedt, Maren: 300 Jahre Magdeburger Rathaus 1691-1991, hrsg. v. Magistrat der Stadt Magdeburg, Magdeburg 1991.

Buchholz, Ingelore/ Ballerstedt, Maren: Magdeburger Bürgermeister, hrsg. v. Magistrat der Stadt Magdeburg, Magdeburg 1992.

Calvisius, Seth-Heinrich: Das zerstörte und wieder aufgerichtete Magdeburg, oder Historie der Belagerung und Zerstörung von Magdeburg 1631, Madeburg 1727.

Clericus, Ludwig: Wappen der Stadt Magdeburg, Hauptstadt des Erzstiftes und Herzogthums D.N. und jetzt der Provinz Sachsen, Magdeburg 1884.

Dittmar, Max: Von der alten Hauptwache, in: Blätter für Handel, Gewerbe und sociales Leben, Nr. 11/ 1895, S. 87f.

Fortsetzung der hochdeutschen Übersetzung der Magdeburgischen Schöffenchronik, 1517-1565, in: Die Chroniken der niedersächsischen Städte. Magdeburg, Bd. 2, Leipzig 1899, S. 1-85.

Führer durch die Stadt Magdeburg, hrsg. v. Verkehrsverein zu Magdeburg, Magdeburg 1925.

Gabriel, M. u.a.: Manfred Gabriel, Malerei, 1999.

Gengenbach, Gottfried: Stadt Magdeburg/ Das ist Kurtze Beschreibung der Stadt Magdeburg/ Wie dieselbe anjetzo zusehen/ sampt was darinnen sich Denckwürdig ... biß auff das Jahr Christi 1672. begeben, Magdeburg 1678.

Gerling, Heinz: 10 Jahre Magdeburger Glockenspiel, Maschinenschrift (1984).

Gisbertz, Olaf: Bruno Taut und Johannes Göderitz in Magdeburg. Architektur und Städtebau in der Weimarer Republik, Berlin 2000.

Guericke, Otto von: Geschichte der Belagerung, Eroberung und Zerstörung Magdeburgs, veröffentlicht v. Friedrich Wilhelm Hoffmann, Magdeburg 1860, 2. Aufl. Magdeburg 1887.

Hammerschmidt: Geschichte der Stadtsparkasse Magdeburg 1823 – 1944, Maschinenschrift, Magdeburg 1988.

Hasse, Claus-Peter: Die Magdeburger Schöppenchronik und der Besuch Kaiser Karls IV 1377, in: Magdeburg 1200, S. 123.

Hattenhorst, Maik: Stadt der Mitte. Zentrum der Aufrüstung und zweite Zerstörung, in: Magdeburg. Die Geschichte der Stadt 805-2005, hrsg. v. Matthias Puhle und Peter Petsch, Dössel 2005, S. 779- 810.

Hertel, Gustav: Die Wahl der Ratmänner in Magdeburg, in: Geschichts-Blätter für Stadt und Land Magdeburg, 16. Jg./ 1881, S. 335-341.

Hertel, Gustav/ Hülße, Friedrich: Friedr. Wilh. Hoffmann´s Geschichte der Stadt Magdeburg, neu bearb., 2 Bde, Magdeburg 1885.

50 Jahre Magdeburger Berufsfeuerwehr, hrsg. v. der Branddirektion, Magdeburg 1924.

Kabel, Rolf: 160 Jahre Magdeburger Theater 1796/1956, hrsg. v. den Städtischen Bühnen Magdeburg, Magdeburg 1956.

Kämmerei-Etat der Stadt Magdeburg für das Jahr 1866, 1868.

Königliche Preußische Feuer-Ordnung Vor die Stadt Magdeburg, Magdeburg 1748.

Korf: Das Rathaus von Magdeburg im Mittelalter, Maschinenschrift, o.O. o.J. (1966).

Lehmann, Friedrich Wilhelm: Kurzgefasste Beschreibung der Stadt Magdeburg und deren Umgebungen, Magdeburg 1839.

Lemcke, Paul: Eine Stimme über Magdeburg am Beginn des vorigen Jahrhunderts, in: Blätter für Handel, Gewerbe und soziales Leben, Nr. 4/1881, S. 26-29.

Lück, Heiner: Der Magdeburger Schöffenstuhl als Teil der Magdeburger Stadtverfassung, in: Hanse – Städte – Bünde. Die sächsischen Städte zwischen Elbe und Weser um 1500, Bd. 1, hrsg. v. Matthias Puhle, Magdeburg 1996, S. 138-151.

Magdeburg, hrsg. vom Magistrat der Stadt Magdeburg, Berlin-Halensee 1927.

Magdeburg 1200. Mittelalterliche Metropole – Preußische Festung – Landeshauptstadt, hrsg. v. Matthias Puhle, Magdeburg 2005.

Magdeburg. Architektur und Städtebau, hrsg. v. der Landeshauptstadt Magdeburg, Stadtplanungsamt, Halle 2001.

Magdeburg – Ein Erinnerungsblatt, hrsg. v. Fremdenverkehrsverein Magdeburg, 1906.

Magdeburg und Umgebung. Praktischer Reiseführer, Berlin 1922 (=Griebens Reiseführer, Band 189).

Magdeburger Amtsblatt, 4. Jg./1927, 6. Jg./ 1929, 7. Jg./1930, 8. Jg./1931.

Magdeburger Biographisches Lexikon 19. und 20. Jahrhundert, hrsg. v. Guido Heinrich u. Gunter Schandera, Magdeburg 2002.

Magdeburger General-Anzeiger v. 8.8.1907; 13.8.1907; 17.8.1907; 20.8.1907; 23.8.1907; 19.5.1922; 10.2.1927 (6. Beil.); 6.6.1936; 21.5.1939; 10.6.1939;

Magdeburger Schöppenchronik, hrsg. v. K. Janicke (Die Chroniken der niedersächsischen Städte. Magdeburg, Bd. 1), Leipzig 1869.

(Magdeburger) Volksstimme v. 21.3.1950; 20.8.1965; 2.5.1969; 4.10.1969; 28.4.1988 u.a.

Magdeburgische Zeitung v. 21.7.1921; 22.7.1921 (2. Ausg.); 2.3.1922 (3. Beil.); 11.3.1922 (1. Beil.); 25.6.1922; 10.2.1927 (6. Beil.); 12.3.1933; 23.3.1933 (3. Beil.); 15.4.1937; 31.12.1937; 4.3.1939; 20.5.1939; 7.6.1939; 8.6.1939; 18.2.1942 u.a.

Meyer, Karl: Der Magdeburger Ratskeller und seine Bilder, in: Magdeburger Familienkalender, hrsg. v. Magdeburger General-Anzeiger, 12. Jg./1928, S. 57-60.

Der Mitteldeutsche v. 1.5.1936; 5.4.1937; 8.6.1939.

Möllenberg, Walter: Das Reiterstandbild auf dem Alten Markt zu Magdeburg, Magdeburg 1924.

Mrusek, Hans-Joachim: Magdeburg, Leipzig 1959.

Müller, Ewald: Bürgerinformation. Kommunalverwaltung und Öffentlichkeit, 2. ergänzte Aufl., Stuttgart 1977.

Neubauer, Ernst: Magdeburgs Roland, in: Geschichts-Blätter für Stadt und Land Magdeburg, Jg. 49/50/ 1914/15, S. 405-449.

Neubauer, Ernst: Magdeburgs Roland, Magdeburg 1916.

Neubauer, Ernst: Die Magdeburger Rose, in: Montagsblatt, Nr. 1/1926, S. 4f.

Neubauer, Ernst: Magdeburger Künstler des 17. Jahrhunderts, in: Geschichts-Blätter für Stadt und Land Magdeburg, 64. Jg./ 1929.

Neubauer, Ernst: Häuserbuch der Stadt Magdeburg 1631-1720, Teil 1, Magdeburg 1931.

Der Neue Weg v. 20.6.1956.

Nickel, Ernst: Ein mittelalterlicher Hallenbau am Alten Markt in Magdeburg, Berlin 1960.

Nickel, Ernst: Der „Alte Markt" in Magdeburg, Berlin 1964.

Nippa, Annegret: Bruno Taut in Magdeburg. Eine Dokumentation, hrsg. v. Stadtplanungsamt Magdeburg, Magdeburg, Heft 20/1995.

Offizieller Führer durch Magdeburg und Umgebung, hrsg. v. Magdeburger Verkehrs-Verein, Magdeburg 1911.

Olbricht, Hans-Joachim/ Peters, Eckhart W.: Ein Roland für Magdeburg, hrsg. v. der Landeshauptstadt Magdeburg, Magdeburg 2005.

Peters, Otto: Magdeburg und seine Baudenkmäler, Magdeburg 1902.

Pies, Eike. Eisenbarth. Das Ende einer Legende, Wuppertal 2004.

Pomarius, Johannes: Summarischer Begriff Der Magdeburgische Stadt Chronicken, Magdeburg 1587.

Priegnitz, Werner: Aus der Geschichte des Ratskellers, o. J., Stadtarchiv Magdeburg, ZG 34.2(4).

Priegnitz, Werner: Das Alte Rathaus, in: Der Neue Weg v. 13.7., 20.7., 24.7., 27.7., 2.8., 10.8., 17.8.1957.

Priegnitz, Werner: Unser Rathaus, in: MZ am Wochenende, Nr. 40 v. 2.10.1964.

Puhle, Matthias: Magdeburg im Mittelalter. Der Weg von der Pfalz Ottos des Großen bis zur Hansestadt um 1500, Halle/ S. 2005.

Rathmann, Heinrich: Geschichte der Stadt Magdeburg von ihrer Entstehung an bis auf gegenwärtige Zeiten, Bd. 2, Magdeburg 1801.

Reuter, Ernst: Verwaltung und Presse, zum 25jährigen Bestehen des Presseamtes der Stadt Magdeburg, in: Magdeburger Amtsblatt 1931, S. 569 – 570.

Richter, Reginald: Glasgestaltung Magdeburg. Versuch einer Bilanz, hrsg. v. der Landeshauptstadt Magdeburg, Schriftenreihe des Stadtplanungsamtes Nr. 92, Magdeburg 2002.

Rieger, Hans Jörg: Die farbige Stadt. Beiträge zur Geschichte der farbigen Architektur in Deutschland und der Schweiz 1910-1939, Zürich 1976.

Roßdeutscher, Wolfgang: Plastik in Bronze und Stein, 2003.

Sammlung Heinrich Apel auf Schloß Hundisburg, hrsg. v. Harald Blanke, Kultur-Landschaft Haldensleben-Hundisburg e.V., Haldensleben 2005.

Schilling, Margarete: Das Magdeburger Glockenspiel, hrsg. v. Rat der Stadt Magdeburg, o. J. (1978).

Schranil, Rudolf: Stadtverfassung nach Magdeburger Recht. Magdeburg und Halle, Breslau 1915.

Schultze, Ernst: Magdeburger Geschlechterwappen aus dem 16. und 17. Jahrhundert, in: Geschichts-Blätter für Stadt und Land Magdeburg, 28. Jg./1893, S. 63-99.

Das Stadtarchiv Magdeburg und seine Bestände, bearb. u. hrsg. v. Ingelore u. Konstanze Buchholz u. Maren Ballerstedt, Magdeburg 2002.

Szewczyk, Ewald: Unser Rathaus im Wandel der Jahrhunderte, in: Magdeburger General-Anzeiger v. 10.2.1927, 6. Beil.

Theiß: Die Aufgaben eines Presseamtes als Vermittler zwischen Verwaltung und Presse, in: Magdeburger Amtsblatt 1930, S. 305 – 307.

Tullner, Mathias: Ernst Reuter – Oberbürgermeister von Magdeburg, in: Ernst Reuter. Oberbürgermeister von Magdeburg, hrsg. von E. Meckel, Magdeburg 1991. S. 13-25.

Verwaltungsberichte der Stadt Magdeburg 1854 – 1940/41.

Vulpius, Johannes: Magnificentia Parthenopolitania, das ist der uralten Welt-berühmten Haupt- und Handel-Stadt Magdeburg sonderbare Herrlichkeit..., Magdeburg 1702.

Wille, Manfred: Magdeburgs Aufbruch in die Moderne. Magdeburger Kommunalpolitik vom Ausgang des ersten Weltkrieges bis zum Beginn der NS-Diktatur, hrsg. vom Stadtplanungsamt Magdeburg, Heft 39/1, Magdeburg 1995.

Wolter, Ferdinand Albert: Geschichte der Stadt Magdeburg von ihrem Ursprung bis auf die Gegenwart, Magdeburg 1901, Nachdruck 1996.

## Abbildungsnachweis

StAM  Stadtarchiv Magdeburg,
JKl   Jutta Klose, Stadtplanungsamt Magdeburg,
JBu   Dr. Jürgen Buchholz,
FBo   Frank Borisch,
EBu   Eckbert Busch,
DFrö  Dietmar Fröhlich,
WRo   Wolfgang Roßdeutscher,
HBrö  Hermann Brösel,
KHM   Kulturhistorisches Museum Magdeburg,
SMB   Staatliche Museen zu Berlin, Bildarchiv Preußischer Kulturbesitz,
JGo   Jürgen Goldammer,
GSe   Gudrun Seffers,
SDi   Sven Dieck

## Autorenverzeichnis

Dr. Ballerstedt, Maren: Leiterin des Stadtarchivs Magdeburg,

Brodhun, Ilona: Mitarbeiterin im Kulturbüro der Landeshauptstadt Magdeburg,

Kriewald, Heike: bis Mai 2006 Mitarbeiterin im Amt für Öffentlichkeitsarbeit und Sitzungsmanagement, seit Juni 2006 Pädagogische Fachbereichsleiterin der Städtischen Volkshochschule Magdeburg,

Dr. Poenicke, Cornelia: Pressesprecherin, Leiterin des Teams Presse und Öffentlichkeit im Amt für Öffentlichkeitsarbeit und Sitzungsmanagement,

Wasser, Chris: Dipl.-Ing. Architekt, bis Oktober 2005 Mitarbeiter im Hochbauamt der Landeshauptstadt Magdeburg, seitdem Mitarbeiter im Kommunalen Gebäudemanagement, ab 2001 Projektverantwortlicher für die Sanierung des Alten Rathauses.

Die Autoren danken Frau Konstanze Buchholz, Stadtarchiv, und Frau Petra Neppe für die Bildredaktion sowie Frau Jutta Klose, Stadtplanungsamt, Herrn Dr. Jürgen Buchholz, Herrn Dietmar Fröhlich und Frau Gudrun Seffers für die Anfertigung der Fotos vom Rathaus 2006.

Redaktionsschluss: 15. Juni 2006

## Kleine Zeittafel zur Geschichte des Alten und des Neuen Rathauses

| | |
|---|---|
| 13. Jh. | Konstituierung des Rates;- Ausbau eines Innungskaufhauses zum Rathaus;- Aufstellung des Magdeburger Reiters auf dem Alten Markt |
| 1293 | Das Rathaus fällt einem Stadtbrand zum Opfer (29.6.) und wird danach wieder aufgebaut. |
| 14. Jh. | Lebensgroße farbige Statuen deutscher Könige und Kaiser werden am Rathaus angebracht. |
| 1325 | Ermordung von Erzbischof Burchard III. im „neuen Keller" des Rathauses (21.9.) |
| 1330 | Änderung der Ratsverfassung |
| 1377 | Kaiser Karl IV. fährt vor dem Rathaus vor. (17.6.) |
| 1402 | Während des Münzaufstandes zieht eine aufgebrachte Menschenmenge zum Rathaus und setzt den Rat ab. (15.9.) |
| 1425 | Nachweis einer Einzeiger-Uhr am Rathaus |
| 16. Jh. | Der nördliche Eckturm der Westfassade wird abgerissen. Ein Glockenspiel ist nachweisbar. |
| 1540 | Bei einer Renovierung erhält das Rathaus eine neue Bemalung und sein Dach sechs kupferne Erker. Im Rathausturm wird eine Uhrglocke platziert. |
| 1557 | Über der einstigen, zur Sühne des Mordes an Burchard III. errichteten Kapelle des Heiligen Matthäus wird die große Ratsstube errichtet. |
| 1630 | Änderung der Ratsverfassung |
| 1631 | Bei der Eroberung und Zerstörung Magdeburgs wird auch das Rathaus schwer zerstört. (10. Mai) |
| um 1650 | Wiederaufbauarbeiten an der südöstlichen Ecke des Nordflügels. An der Ratsstube wird ein Runderker mit den Wappen der vier Bürgermeister angebracht. |
| 1691 | Grundsteinlegung zum Aufbau des Westflügels des Rathauses (14.9.) |
| 1693 | Einrichtung des Ratskellers mit kurfürstlichem Privileg zum Ausschank fremder Biere |
| 1696 | Richtfest für den neuen Rathausbau (8.12.) |
| 1698 | Knopf und Fahne werden feierlich auf den Rathausturm gesetzt. (12.1.) |
| 1713 | endgültige Fertigstellung des Rathausbaus |
| 1725 | Schließung des Johannisförders unter dem Rathaus |
| 1727 | Erhöhung, Ebnung und neue Pflasterung des Alten Marktes |

1820 Erneuerung des Rathausturmes

1823 Eröffnung der Sparkasse im Alten Rathaus (7.5.)

1827 Anbringen eines Blitzableiters

1828 Errichtung von zwei neuen Seitenflügeln an der Hinterfront des Rathauses zur Unterbringung von Läden und Rathausboten-Wohnungen

1832 Einführung der revidierten Städteordnung vom 17. März 1831

1854 Einrichtung einer Nachtfeuerwache unter den Kolonnaden des Rathauses

1863 Durch den großen Saal des Westflügels wird eine Trennwand gezogen.

1865 Abbruch der Seitengebäude des Rathauses an der Johannisbergstraße und am Johanniskirchhof. Beginn des Erweiterungsbaus des Rathauses.

1866 Der südliche Giebel des Westflügels wird zwecks Verbreiterung der Johannisbergstraße etwas zurückgesetzt. Ein Südflügel mit einem äußeren Laubenumgang sowie ein etwas zurückgesetzter Ostflügel entstehen. Der Ratsstubenerker wird um ein Geschoss erhöht und ihm gegenüber an der Nordostecke des Südflügels ebenfalls ein Erker errichtet. Im neu erbauten südlichen Flügel werden ab 1. Oktober Läden vermietet.

1867/69 Ausbau des Stadtverordneten-Sitzungssaales und des Bürgersaales. Der alte Teil des Rathauses erhält eine Balustrade.

1869 Einweihung des neuen Stadtverordneten-Sitzungssaales (18.9.)

1874 Eröffnung des ersten Standesamtes in Magdeburg im Alten Rathaus (1.10.)

1875 Der Magistrat kauft das Haus Spiegelbrücke 1 an.

1882 Der Magistrat erwirbt die Grundstücke Spiegelbrücke 2 und Johanniskirchhof 4.

1888 Die Stadtverordneten beschließen den Abbruch der neben dem Alten Rathaus gelegenen und teilweise daran angelehnten Häuser Spiegelbrücke 1 und Johanniskirchhof 5/6. (15.9.)

1889 Baubeginn für das neue Dienstgebäude zwischen Spiegelbrücke und Johanniskirchhof; - Der Stadtverordneten- Sitzungssaal im Alten Rathaus erhält an seiner Ostwand große Fensteröffnungen.

1891 Das neue Geschäftshaus zwischen Spiegelbrücke und Johanniskirchhof ist fertiggestellt. (15.10.) Hier werden u. a. Sparkasse und Stadtbibliothek untergebracht.

1896 Anschluss des Alten Rathauses an das Netz des gerade eröffneten Elektrizitätswerkes. Schrittweise Einführung der elektrischen Beleuchtung im Alten Rathaus.

1897 Bürgersaal und Stadtverordneten-Sitzungssaal werden architektonisch miteinander verbunden. Besuch des Kaisers im Rathaus (25.8.)

um 1900 Umbauten im West- und Südflügel des Alten Rathauses

1903/04 Der Magistrat erwirbt die Häuser Bei der Hauptwache 4 und 6 sowie Katzensprung 6 und 7 und lässt sie niederreißen, ebenso sein Haus Bei der Hauptwache 5.

1905/07 Bau des Neuen Rathauses Bei der Hauptwache 4-6, in das u. a. die Sparkasse, Stadtbibliothek, Stadtarchiv und Standesamt einziehen

1906 Die Stadtverwaltung richtet ein Pressebüro ein. (31.7.)

1907 umfassende Erneuerung des Ratskellers

1908 Im südwestlichen Teil des Erdgeschosses des Alten Rathauses, unmittelbar an den Kolonnaden, wird eine öffentliche Bedürfnisanstalt eingerichtet. Sie besteht bis 1922.

1911/12 Zur Erweiterung des Geschäftshauses Spiegelbrücke 1/2 kauft die Stadt die Grundstücke Johanniskirchhof 3c und Spiegelbrücke 4 an.

1918 Die Stadt entscheidet, nach und nach den gesamten Grundstückskomplex hinter dem Haus Bei der Hauptwache 4-6 anzukaufen.

1919 Der Magistrat lässt die Hohenzollernbilder aus dem Alten Rathaus entfernen. (August)

1921 Innenbemalungen des Alten Rathauses nach Entwürfen von Carl Krayl und Franz Mutzenbecher

1922 Ausbau von acht Läden in den Erdgeschoss-Arkaden der Rathaus-Südseite und Durchbruch des Kolonnadenumgangs zum Johanniskirchhof;- Erneuerung der Giebelaufbauten zum Johanniskirchhof;- Farbanstrich des Alten Rathauses und des Magdeburger Reiters nach Entwürfen von Karl Völker aus Halle

1923 Die Sparkasse zieht in die Große Münzstraße 6. Das Neue Rathaus wird Sitz der Girozentrale - Kommunalbank.

1928 Die Mitteldeutsche Landesbank nimmt ihren Sitz im Haus Bei der Hauptwache 4–6.

1933 Die SA treibt Oberbürgermeister Ernst Reuter und Bürgermeister Herbert Goldschmidt mit Gewalt aus dem Alten Rathaus. (11.3.);- SA und SS besetzen das Rathaus. (21.3.)- Aufstellen des Nagelrolands an der Nordwestseite des Alten Rathauses (20.4.);- Auflösung der Stadtverordnetenversammlung (21.12.) und Einführung der so genannten Ratsherrensitzungen.

1934  Neuanstrich des Alten Rathauses; - Stadtbibliothek und Stadtarchiv ziehen als letzte städtische Einrichtungen aus dem Haus Bei der Hauptwache 4-6 aus.

1936  Abriss der „Altstädter Bürgersäle" (Apfelstraße 9) und anderer stadteigener Gebäude zwecks Errichtung des Anbaus für die Mitteldeutsche Landesbank

1937/38 bauliche Veränderungen am Alten Rathaus, u. a. im Bereich des westlichen Hauptportals, im Saal des Westflügels und im Ratskeller

1938  Vollendung des Anbaus der Mitteldeutschen Landesbank

1939  Die Mitteldeutsche Landesbank wird Eigentümerin des Hauses Bei der Hauptwache 4-6. (5.1.); - Einweihung ihres Anbaus und Enthüllung des Eisenbartbrunnens (9.6.).

1944  Das Alte Rathaus erleidet schwere Schäden durch den Luftangriff am 28.September.

1945  Beim Bombenangriff am 16. Januar wird das Alte Rathaus schwer getroffen. Das Neue Rathaus brennt aus.

1950  Einleitung von Sicherungsmaßnahmen am Alten Rathaus durch die Denkmalpflege Halle; - Im Gebäude Bei der Hauptwache 4−6 öffnet das Stadtarchiv wieder seine Pforten. (15.3.)

1951  Das Haus Bei der Hauptwache 4−6 geht in das Eigentum des Kommunalwirtschaftsunternehmens über. (20.3.)

1954  Die Außenstelle der Deutschen Akademie der Wissenschaften Berlin bezieht den Nordtrakt des Nordflügels im Alten Rathaus.

1955  Das Haus Bei der Hauptwache 4−6 wird Eigentum des Volkes/ Rat der Stadt Magdeburg. (12.1.)

1956  Der Eingang zum Ratskeller wird mit aus Trümmern geborgenen Wappen gestaltet.

1957  Das Alte Rathaus erhält wieder einen Dachreiter.

1960  Einsturz einer Gewölbedecke im Südtrakt des Alten Rathauses (7.6.)

1965  Beginn des umfassenden Aufbaus des Alten Rathauses

1966  Aufstellen einer Bronzekopie des Magdeburger Reiters auf dem Alten Markt. (10.8.)

1969  Wiedereröffnung des Ratskellers nach erfolgter Renovierung und Erweiterung seiner Wirtschaftsräume (1.5.);- Feierliche Schlüsselübergabe für das Alte Rathaus an Oberbürgermeister Werner Herzig (3.10.); Heinrich Apel schafft die Bronzetür für das Hauptportal des Alten Rathauses.

1970/71 Bau des neuen Süd- und Ostflügels des Alten Rathauses

1972  Im Alten Rathaus finden wieder Eheschließungen statt. (4.7. – bis 1995); - Die Plastik „Fünf Sinne" von Heinrich Apel wird an der Südseite des Alten Rathauses aufgestellt (4.10.)

1974  Einweihung des Glockenspiels im Rathausturm (28.9.)

1977  1. Glockenspielertreffen mit internationaler Beteiligung in Magdeburg (1.10.)

1978  umfangreiche Rekonstruktionsarbeiten im Alten Rathaus

1990  Magdeburg hat wieder ein demokratisch gewähltes Stadtparlament (Mai)

1991  1. Rathausfest (14.9. – in den Folgejahren jeweils am 3.10.)

1992/97 Sanierungsmaßnahmen am und im Alten Rathaus, u. a. Neueindeckung der Dächer, Einbau technischer Anlagen, behindertengerechte Ausstattung, Sanierung des Ratskellers

1993  Wiedereröffnung des Ratskellers

1994/95 Einbau neuer Toilettenanlagen im Haus Bei der Hauptwache 4-6

1998  In die Gehwege vor dem Hauptportal und vor der Nordseite des Alten Rathauses werden Wappen eingelassen.

1998/2002  Sanierung der Sandsteinfassade des Hauses Bei der Hauptwache 4-6

2000  Das Gebäude Bei der Hauptwache 4−6 trägt nur noch die Haus-Nummer 4. (15.6.)

2002/03 Innenraumsanierung des Hauses Bei der Hauptwache 4; - Eröffnung der Verwaltungsbibliothek (10.11.); - Beginn der Sanierung des Alten Rathauses (1.10.)

2003/05 Während der Sanierung des Alten Rathauses nimmt der Oberbürgermeister seinen Amtssitz Bei der Hauptwache 4. Auch die Fraktionen und das Amt für Öffentlichkeitsarbeit und Protokoll sind hier in dieser

Zeit untergebracht. Das Haus erhält offiziell den Namen Neues Rathaus.

2005 Abriss des in den 60er Jahren erbauten Hauses III an der Ostseite der Straße Bei der Hauptwache (31.1.-5.3.); - Enthüllung des Wegweisers Altes Rathaus/ Neues Rathaus an der Straße Bei der Hauptwache (17.3.); - Wiedereröffnung des Ratskellers (7.9.);- Übergabe des sanierten Alten Rathauses (3.10.);- Einzug von Teilen des Ordnungsamtes in das Neue Rathaus (ab Dez.);- Enthüllung des Rolands vor dem Alten Rathaus (23.12.)

2006 Wiederaufstellung der „Fünf Sinne" von Heinrich Apel an der Südseite des Alten Rathauses (Februar)

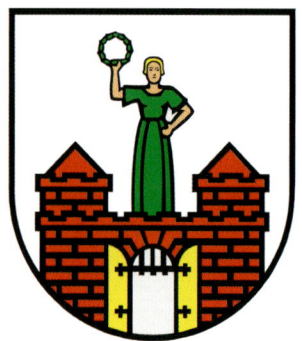

## Magdeburger Oberbürgermeister seit 1817

| | |
|---|---|
| August Wilhelm Francke | 1817 – 1848 |
| Karl Gustav Friedrich Hasselbach | |
|   1. Bürgermeister | 1851 – 1853 |
|   Oberbürgermeister | 1853 – 1881 |
| Friedrich Bötticher | 1882 – 1895 |
| Dr. Gustav Schneider | 1895 – 1906 |
| Dr. August Lentze | 1906 – 1910 |
| Hermann Reimarus | 1910 – 1919 |
| Hermann Beims | 1919 – 1931 |
| Ernst Reuter | 1931 – 1933 |
| Dr. Fritz Markmann | 1933 – 1945 |
| Otto Baer | 1945 – 1946 |
| Rudolf Eberhard | 1946 – 1950 |
| Philipp Daub | 1950 – 1961 |
| Friedrich Sonnemann | 1961 – 1965 |
| Werner Herzig | 1965 – 1989 |
| Dr. Werner Nothe | 1989 – 1990 |
| Dr. Willi Polte | 1990 – 2001 |
| Dr. Lutz Trümper | seit 2001 |

Zu den Bürgermeistern vor 1817 vgl. Buchholz, Ingelore/ Ballerstedt, Maren: Magdeburger Bürgermeister, Magdeburg 1992; Hertel, Gustav/ Hülße, Friedrich: Friedr. Wilh. Hoffmann´s Geschichte der Stadt Magdeburg, neu bearb., 2 Bde, Magdeburg 1885; Dittmar, Max: Die Bürgermeister und Kämmerer der Stadt Magdeburg von 1213 – 1680, in: Geschichts-Blätter für Stadt und Land Magdeburg, 24 Jg./1889; Janicke, Karl: Verzeichnis der Magdeburger Bürgermeister und Kämmerer von 1213 – 1607, in: Ebenda, 2. Jg./1867.

Die Bürgermeister vor August Wilhelm Francke trugen noch nicht den Titel „Oberbürgermeister".

## Gegenwärtige Ehrenbürger der Stadt Magdeburg

US-Bürgerrechtlerin Prof. Angela Davis, seit 1972

Lebensretter der 4-jährigen Kathrin Lehmann, Fliegeroffizier a. D. Igor Belikow, seit 1977

Alt-Oberbürgermeister Dr. Willi Polte, seit 2003